AF432527

Juan Adalid Rivera

Yo Soy Sabiduría

3.14

"Yo Soy lo que decida Ser"

3 dimensiones

14 elementos para lograr

Abundancia y Riquezas

¡Hola! Soy Juan Adalid Rivera, un profesional con una sólida formación académica y una amplia experiencia en el mundo de las finanzas y la banca. Mi dedicación y pasión por el éxito y el crecimiento de las personas me han llevado a desempeñar diversos roles y adquirir una serie de logros en mi carrera.

Comencé mi camino académico destacándome en mis estudios de gerencia, graduándome con honores Summa Cum Laude, lo que sentó las bases para una carrera llena de éxitos. Posteriormente, obtuve un MBA con la distinción Valedictorian, consolidando mi conocimiento y habilidades en el mundo empresarial.

Además de mi formación académica, soy un coach certificado en PNL (Programación Neurolingüística), lo que me permite ayudar a las personas a alcanzar su máximo potencial y superar obstáculos. Como conferenciante y mentor, he tenido la oportunidad de compartir mis conocimientos y experiencias con otros, inspirándolos a alcanzar sus metas y objetivos.

Mi trayectoria en la industria financiera abarca la banca tradicional, la hipotecaria y los bienes raíces como inversionista. Actualmente, ocupo el cargo de gerente a cargo de las operaciones de cobros y mitigación de pérdidas para préstamos hipotecarios que sirven a los Estados Unidos. Esta posición me permite aplicar mis habilidades estratégicas y liderazgo para garantizar la eficiencia en el manejo de riesgos y cobros.

A lo largo de mi carrera, he desempeñado roles cruciales en la banca, incluyendo el manejo de quiebras, otorgación de crédito, y cobros, entre otros. Siempre he considerado que mi mayor pasión es el manejo de personas, ayudarlas y encarrilarlas hacia un siguiente nivel de éxito. Trabajar con equipos y colaboradores para alcanzar metas comunes es lo que me motiva cada día.

En resumen, mi enfoque profesional se centra en la

excelencia académica, la capacitación continua, el apoyo a otros en su crecimiento personal y profesional, y el éxito en la industria financiera. Estoy comprometido con la superación constante y enriqueciendo mi experiencia para seguir contribuyendo de manera significativa en este campo.

CONTENIDO

xii

Prólogo

Si alguna vez te has preguntado cómo sería la vida si agarraras las riendas y realmente hicieras todo eso que siempre has querido, este libro es para ti. "Yo soy sabiduría 3.14" es como una charla con ese amigo que siempre tiene los pies en la tierra, pero que te empuja a alcanzar las estrellas.

Aquí no vas a encontrar palabras enredadas ni consejos que necesitas un diccionario para entender. No, esto es directo al grano: cómo armar la vida que te mereces, paso a paso, con lo que tienes a mano. Salud, dinero, amor... suena bien, ¿verdad? Pues de eso se trata todo esto.

Los 14 elementos de los que vamos a hablar son como las herramientas en tu caja: te sirven para construir, reparar y mejorar las cosas importantes. Imagínate que cada capítulo es como un truco nuevo que aprendes, y que al final, vas a tener todo lo que necesitas para hacer las cosas a tu manera.

El nombre "Yo soy sabiduría 3.14" viene de una frase antigua que dice que podemos ser lo que decidamos. Y eso es lo que vamos a hacer aquí: decidir y ser. Sin vueltas ni rodeos. Así que, si estás listo para darle una sacudida a tu vida y ver de qué estás hecho, abre este libro y ponte cómodo. Vamos a empezar este viaje juntos. Bienvenido a tu propia historia, la que tú vas a escribir. Bienvenido a "Yo soy sabiduría 3.14".

INTRODUCCIÓN

Desde los inicios de la civilización, los seres humanos hemos estado fascinados por los misterios del universo. Uno de esos misterios, que ha trascendido tiempo y espacio, es el número π (Pi), aproximadamente 3.14. Aunque se le conoce comúnmente en el mundo de las matemáticas, este número es mucho más que simples cifras: es la representación de lo infinito, de lo inabarcable, de la continua búsqueda del ser humano por entender y trascender.

Paralelamente, hay un pasaje en las antiguas escrituras que nos habla de una revelación divina: Éxodo 3:14, donde Dios se presenta diciendo: "Yo Soy El Que Soy" (Reina Valera) o "Yo Seré lo que Yo Decida Ser" (TNM). Esta frase, cargada de significado, nos habla de decisión, propósito y, sobre todo, de una existencia que va más allá de nuestra comprensión.

Entonces, ¿qué tienen en común el número pi y este versículo bíblico? Ambos representan la idea de la abundancia y la riqueza en su forma más pura. Mientras que Pi nos muestra la abundancia infinita en el mundo numérico, Éxodo 3:14 nos revela una riqueza espiritual y existencial que va más allá de lo material, nos habla del propio nombre de Dios. "Yo Soy".

Este libro, "Yo soy sabiduría 3.14", no es solo una exploración de estos conceptos, sino una invitación a vivir una vida llena de abundancia en todas sus formas: Salud, Dinero y Amor. Porque al entender y abrazar la grandeza que existe en estos pilares y en nosotros mismos, nos abrimos a un mundo de posibilidades infinitas, a un éxito que no solo se mide en bienes tangibles, sino en momentos, experiencias y legados.

Así que, con el corazón abierto y la mente dispuesta, embarquémonos juntos en este viaje hacia la verdadera abundancia, guiados por la sabiduría del número pi y la promesa eterna de **"Yo Soy lo que decida Ser"**.

Capítulo 1

Tres dimensiones de la Felicidad.

La felicidad, esa palabra que resuena en los rincones más profundos de nuestro ser. Una búsqueda incesante, un anhelo universal que, como un faro en la noche, guía nuestros pasos y decisiones. Pero ¿qué es realmente la felicidad? ¿Es un destino o un viaje? ¿Un momento efímero o un estado constante? Antes de sumergirnos en las tres dimensiones que la componen, es esencial explorar y entender la esencia misma de esta poderosa emoción.

La felicidad, para empezar, es subjetiva. Lo que para uno es motivo de júbilo, para otro puede ser indiferente o incluso desagradable. Algunos encuentran felicidad en los pequeños detalles: el aroma del café por la mañana, una risa compartida, el abrazo cálido de un ser querido. Otros, por otro lado, la buscan en logros más tangibles: un ascenso en el trabajo, reconocimientos, o metas alcanzadas.

Históricamente, filósofos, poetas y pensadores han intentado definirla, encerrarla en palabras, darle forma y sentido. Aristóteles decía que la felicidad es el fin último del ser humano, ese propósito superior al que todos nuestros actos deben dirigirse. En cambio, para el Dalai Lama, la felicidad no es solo un fin, sino también un medio, afirmando que "el propósito de nuestra vida es ser felices".

Más allá de las definiciones, la felicidad también es un reflejo de nuestra salud mental y emocional. Una mente en paz, equilibrada, es más propensa a experimentar momentos de alegría y contentamiento. Pero no solo se trata de la mente; nuestro cuerpo y entorno también juegan un papel crucial. Estar en sintonía con nuestro cuerpo, cuidarlo y respetarlo, así como rodearnos de un ambiente positivo y constructivo, son factores que influyen directamente en nuestro bienestar.

Dicho esto, la felicidad no es una línea recta. Es un camino lleno de altos y bajos, de momentos brillantes y oscuros. Y es precisamente en esa montaña rusa emocional donde radica su verdadera belleza. Porque la felicidad no es solo sonreír todo el tiempo, sino también aprender, crecer y encontrar significado en cada experiencia, ya sea buena o mala.

Ahora bien, si tuviéramos que visualizar la felicidad, podríamos imaginarla como un triángulo, cuyos vértices representan sus tres dimensiones esenciales: **Salud, Dinero y Amor**. Cada uno de estos pilares sostiene y nutre a los otros, son como las tres patas de un taburete; si falta una, el equilibrio se rompe. Exploremos cada una de estas dimensiones en profundidad, entendiendo sus matices y descubriendo cómo, al cultivarlas, podemos acercarnos a esa felicidad que todos anhelamos.

Salud: El pilar fundamental de la vida

Cuando escuchamos la palabra "salud", es probable que lo primero que venga a la mente sea la imagen de un cuerpo físico en óptimas condiciones. Sin embargo, la salud es mucho más que músculos tonificados o un corazón fuerte. La salud es el equilibrio perfecto entre el cuerpo, la mente y el espíritu. Es el estado en el que cada parte de nuestro ser funciona en armonía con el resto.

1. Salud Física: Cuando hablamos de salud física, nos adentramos en el maravilloso universo que es nuestro cuerpo. Es esa maquinaria perfecta y compleja que nos acompaña desde el momento en que nacemos hasta nuestro último aliento. Sin duda, es la dimensión de la salud más visible y palpable.

El cuerpo humano es como una orquesta donde cada órgano, cada célula, toca una melodía particular. Desde el ritmo constante del corazón hasta el intrincado baile de las neuronas en nuestro cerebro, todo funciona en una sincronía perfecta. La salud física se refiere precisamente a esta armonía: cómo responde cada sistema, cómo circula nuestra sangre, cómo se regenera nuestra piel.

Pero la salud física no es solo ausencia de enfermedad o dolencia. Es la capacidad de moverse con libertad, de sentir el viento en el rostro, el calor del sol en la piel. Es poder bailar bajo la lluvia, correr tras una mariposa o simplemente caminar sintiendo el crujir de las hojas bajo nuestros pies. Es esa energía vibrante que nos impulsa a perseguir nuestros sueños, a escalar montañas, a nadar en mares profundos. Nos brinda la fortaleza no solo para enfrentar desafíos físicos, sino también emocionales y mentales.

Para mantener y cultivar esta salud, no basta con evitar enfermedades. Es esencial alimentarnos con conciencia, eligiendo aquellos alimentos que nutran nuestro cuerpo y lo llenen de vitalidad. Es vital moverse, ya sea a través del ejercicio, el baile o simplemente caminatas al aire libre. Y, por supuesto, es crucial descansar. El sueño no solo repara nuestro cuerpo, sino que también rejuvenece nuestra mente.

En esta era de tecnología y vida acelerada, a veces olvidamos escuchar las señales que nuestro cuerpo nos envía. Pero al prestarle atención, al cuidarlo y mimarlo, nos damos la oportunidad de vivir una vida más plena, activa y, sobre todo, feliz.

2. Salud Mental: Tan importante, si no más, que la salud física. La mente, ese vasto universo interior, es el centro de nuestras emociones, pensamientos y percepciones. Aunque a menudo le damos prioridad a nuestro bienestar físico, la salud mental es igualmente crucial, si no más. Es el pilar que sostiene nuestra autoimagen, nuestras relaciones y nuestra capacidad para enfrentar los desafíos de la vida.

Imagina nuestra mente como un jardín fértil y vasto. Cuando lo cuidamos, cuando lo nutrimos y le damos el amor que necesita, brotan flores brillantes de pensamientos positivos, ideas innovadoras y decisiones firmes y acertadas. Este jardín resplandece, lleno de colores y aromas que nos inspiran y nos impulsan a seguir adelante, a crecer y a florecer.

Sin embargo, al igual que cualquier jardín, si lo descuidamos, si no le brindamos la atención adecuada, pueden surgir malezas. Estas malezas pueden tomar la forma de ansiedad, estrés, inseguridades, miedos y dudas. Si no las atendemos a tiempo, pueden crecer y opacar la belleza natural de nuestro jardín mental.

Cultivar una mente sana no es tarea fácil; requiere esfuerzo, dedicación y, a veces, un poco de ayuda externa. Implica aprender a gestionar nuestras emociones, a no dejar que las adversidades nos sobrepasen. Significa buscar momentos de tranquilidad en medio del caos, ya sea a través de la meditación, la lectura o simplemente tomando un momento para respirar y conectar con nosotros mismos.

Además, es esencial reconocer que no estamos solos en esta travesía. Pedir ayuda no es un signo de debilidad, sino de fortaleza. Ya sea a través de terapias, charlas con amigos o simplemente buscando orientación, es fundamental saber que hay manos extendidas dispuestas a ayudarnos a desmalezar y embellecer nuestro jardín interior.

Así que, mientras avanzamos en este viaje de autoconocimiento y crecimiento, recordemos siempre cuidar y valorar nuestra salud mental. Porque una mente fuerte y clara es el mejor aliado para enfrentar los desafíos y disfrutar plenamente de las maravillas de la vida.

3. Salud Emocional: La salud emocional es el delicado tejido que entrelaza nuestra relación con nosotros mismos y con el mundo exterior. Se manifiesta en la forma en que interpretamos nuestras propias emociones, en cómo reaccionamos ante las circunstancias y en el modo en que interactuamos con los demás.

Mientras que nuestra mente razona, nuestro ser emocional siente y vive. Es el núcleo desde donde brota el amor, la alegría, la tristeza, el miedo, la esperanza y toda la gama de emociones que dan color y profundidad a nuestra existencia. Está intrínsecamente ligada a nuestra capacidad de conectarnos con otros seres humanos, de sentir empatía, de comprender y ser comprendidos.

Una buena salud emocional se refleja en la solidez y calidad de nuestras relaciones. Nos permite formar lazos significativos basados en la confianza, el respeto y el cariño genuino. Es ese cimiento que nos brinda la resiliencia para enfrentar las tormentas de la vida, para levantarnos después de cada caída y continuar adelante con renovado entusiasmo.

Más allá de las grandes emociones y acontecimientos, la salud emocional también se manifiesta en los pequeños placeres cotidianos: una sonrisa compartida, una caricia inesperada, el aroma de la lluvia en un día nublado. Son esos instantes efímeros pero profundos que, sumados, conforman la esencia misma de la vida.

Para cultivar y proteger esta valiosa dimensión, es esencial comenzar por dentro. Practicar la autoaceptación es reconocer y abrazar nuestras fortalezas y debilidades, entender que somos seres en constante evolución. La gratitud nos ayuda a enfocarnos en lo positivo, a valorar lo que tenemos en lugar de lamentar lo que nos falta. Y, por último, la comunicación asertiva es la herramienta que nos permite expresar nuestros sentimientos y necesidades con claridad, sin herir o ser heridos.

Nuestra salud emocional es como un lago tranquilo. Puede haber tormentas que agiten sus aguas, pero con el cuidado y la atención adecuados, siempre volverá a su estado de calma y serenidad.

4. Salud Espiritual: En el vasto espectro de la existencia humana, hay una dimensión que trasciende lo físico, lo mental y lo emocional: la dimensión espiritual. Aunque no todos nos identificamos con una religión o doctrina en particular, todos poseemos un espíritu, esa chispa divina e

inefable que reside en lo más profundo de nuestro ser.

Esta chispa es el motor de nuestra búsqueda de propósito y significado. Es lo que nos impulsa a cuestionar, a explorar, a buscar respuestas más allá de lo evidente. La salud espiritual, entonces, se refiere a cómo nos conectamos con ese impulso, cómo nutrimos ese deseo inherente de comprender nuestro lugar en el cosmos.

Conectar con nuestro espíritu es, en muchos sentidos, conectar con la esencia misma de la vida. Es encontrar paz y serenidad en nuestra existencia, incluso en medio del caos. Es sentir un vínculo con el universo, reconocer que somos una pequeña pero valiosa parte de un todo mucho más grande.

La salud espiritual se cultiva de diversas maneras, y cada persona tiene su propio camino.

Para algunos, la meditación es una puerta hacia el interior, una forma de silenciar la mente y escuchar la voz del espíritu. Para otros, reflexionar sobre textos sagrados, la filosofía o incluso la ciencia puede ser una fuente de iluminación.

Pero no siempre es necesario realizar grandes gestos o seguir rituales complejos. A veces, simplemente detenerse a admirar un atardecer, sentir el viento en el rostro o escuchar el murmullo de un río puede ser suficiente. Son esos momentos en los que, aunque sea brevemente, sentimos una conexión con algo más grande, una sensación de asombro y reverencia ante la magnificencia de la existencia.

Cuidar nuestra salud espiritual es, en esencia, cuidar de nuestro ser. Es honrar esa chispa divina, alimentarla y permitirle brillar con todo su esplendor.

La salud, en todas sus formas, es el cimiento sobre el que construimos nuestra vida. Sin salud, es difícil disfrutar plenamente de las otras dimensiones de la felicidad. Así que, mientras continuamos este viaje, te invito a reflexionar: ¿Cómo estás cuidando tu salud? ¿Qué puedes hacer para nutrir cada una de estas áreas? Porque, al final del día, la salud no es solo vivir, sino vivir bien.

Dinero: Mucho más que monedas y billetes

En nuestra sociedad moderna, el dinero ha adquirido una importancia primordial. Es el medio que nos permite acceder a bienes y servicios, es la herramienta que nos brinda seguridad y, para muchos, es sinónimo de éxito y realización. Pero, más allá de su valor material, el dinero es también un reflejo de nuestras creencias, valores y prioridades.

1. Dinero como Medio: En la tela compleja de nuestra sociedad, el dinero se ha erigido como uno de los hilos más destacados. A primera vista, podría parecer que es solo un trozo de papel o un número en una pantalla, pero su influencia y significado van mucho más allá de su apariencia física.

Es fundamental comprender que el dinero, en sí mismo, no tiene valor intrínseco. No es el papel o la moneda lo que ansiamos, sino lo que representan: oportunidad, libertad, posibilidad. Su verdadera esencia y valor no radican en cuánto acumulamos, sino en lo que nos permite lograr, sentir y compartir con otros.

Actúa como un puente entre nuestras necesidades, deseos y aspiraciones. Por un lado, satisface las necesidades básicas, esas que son esenciales para nuestra supervivencia y bienestar. Gracias al dinero, podemos adquirir alimentos para nutrirnos, un techo bajo el cual resguardarnos y ropa para vestirnos.

Pero más allá de lo esencial, el dinero también desbloquea las puertas a experiencias más enriquecedoras y lujosas. Puede ser un viaje soñado a tierras lejanas, una cena gourmet en un restaurante de renombre, o simplemente la posibilidad de regalarle a alguien especial ese objeto que ha deseado por mucho tiempo.

Además, el dinero también juega un papel en la realización de nuestros sueños y metas. Ya sea invertir en educación, lanzar un negocio o apoyar una causa que nos apasiona, el dinero se convierte en ese medio que transforma nuestras visiones en realidades tangibles.

Sin embargo, aunque es una herramienta poderosa, no debemos olvidar que es solo eso: un medio, no un fin. La verdadera riqueza de la vida no se mide en cifras, sino en las experiencias vividas, las relaciones forjadas y las memorias creadas. El dinero puede facilitar muchas cosas, pero el auténtico valor de la vida radica en cómo lo utilizamos y en las huellas que dejamos en nuestro paso por el mundo.

2. Dinero y la Autonomía de Elección: En el brillante escenario de la vida, el dinero actúa como un protagonista que deslumbra y seduce. No solo por su poder intrínseco, sino por la gran ventaja que ofrece: la autonomía. Esta

autonomía no es meramente la capacidad de actuar independientemente; es la libertad embellecida con el toque dorado de elegir.

Con suficientes recursos, el mundo se convierte en nuestro lienzo, listo para ser pintado con los colores del lujo y la extravagancia. Nos otorga el poder de decidir no solo dónde vivir, sino de hacerlo en residencias que reflejen nuestro gusto refinado, en barrios exclusivos o con vistas panorámicas que cortan la respiración.

Nos da la elección no solo de qué comer, sino de deleitarnos con manjares de los mejores chefs, de degustar vinos añejos o de saborear delicadezas de rincones exóticos del mundo. El dinero, en su esplendor, transforma la simple acción de comer en una experiencia culinaria digna de reyes.

Y en cuanto a nuestro tiempo libre, el abanico de opciones se despliega majestuosamente ante nosotros. ¿Por qué simplemente viajar cuando puedes hacerlo en primera clase o en jets privados? ¿Por qué solo disfrutar de un espectáculo cuando puedes tener el mejor asiento en la casa, o incluso, ser el anfitrión de tu propio evento de gala?

Pero más allá de toda la opulencia y el glamour, el verdadero lujo que el dinero ofrece es la libertad de elección. Es la capacidad de moldear nuestra vida como deseemos, de perseguir pasiones, de vivir experiencias y de compartir momentos inolvidables con aquellos a quienes amamos. En este sentido, el dinero no es simplemente un medio para adquirir bienes; es el pasaporte a un mundo lleno de posibilidades, opciones y, sobre todo, abundancia en todos los aspectos de la vida.

3. Dinero y Seguridad: Vivimos en un mundo donde la certeza es una moneda escasa. Las nubes de la incertidumbre se ciernen sobre nosotros, amenazando con lluvias inesperadas que pueden cambiar el rumbo de nuestro día... o de nuestra vida. En este paisaje cambiante y a menudo impredecible, tener ahorros o inversiones es como poseer un elegante y resistente paraguas, listo para protegernos cuando las tormentas se avecinan.

Este paraguas no es un objeto común y corriente; es una manifestación de nuestra previsión y prudencia. Cada vez que apartamos una parte de nuestros ingresos, cada vez que invertimos en oportunidades con futuro, estamos reforzando este escudo contra las adversidades. Es como agregar una varilla extra a nuestro paraguas, haciéndolo más robusto y capaz de resistir los vientos más fuertes.

Pero más allá de la protección física que pueda ofrecer, lo verdaderamente invaluable es la paz mental que conlleva. Es esa tranquila confianza de saber que, aunque el cielo se torne gris y los relámpagos iluminan el horizonte, tenemos un refugio seguro bajo el cual resguardarnos. No se trata solo de enfrentar emergencias financieras, sino de saber que tenemos la libertad y el poder para tomar decisiones sin que el pánico o la desesperación nublen nuestro juicio.

En un mundo donde las sorpresas están a la orden del día, la preparación y la anticipación son nuestros mejores aliados. Así, al igual que llevamos un paraguas al presagiar lluvia, cultivar el hábito del ahorro y la inversión inteligente es nuestra manera proactiva de asegurarnos que, pase lo que pase, siempre tendremos un resguardo contra las tempestades de la vida.

4. Dinero y Valores: En el gran teatro de la vida, el dinero desempeña un papel protagonista. Sin duda, es una herramienta poderosa que abre puertas, construye puentes y facilita comodidades. Pero es fundamental entender que, aunque es un actor relevante, no debe ser el único norte que guíe nuestra travesía.

Mientras navegamos por la vastedad de nuestras existencias, es esencial equilibrar nuestra búsqueda económica con un faro aún más luminoso: nuestros valores y principios. Estos son los pilares inquebrantables que, incluso en los tiempos más acaudalados o en las tempestades más severas, nos mantienen firmes y centrados en lo que realmente importa.

La verdadera riqueza, aquella que resplandece con un brillo que no se desvanece, no se refleja simplemente en los dígitos de nuestras cuentas bancarias. Se manifiesta en las risas compartidas, en los abrazos sinceros, en los aprendizajes que cada caída y triunfo nos regalan. Es la riqueza que brota de las experiencias vividas, de los paisajes admirados, de las conversaciones profundas y de los silencios compartidos.

Y con la bendición del dinero, surge una oportunidad dorada: la generosidad. Tener medios económicos nos brinda la posibilidad de extender nuestra mano y ayudar a otros. Es la chance de ser un faro para quienes atraviesan mares turbulentos, de ser un pilar para quienes necesitan apoyo. La generosidad es la joya más brillante en la corona de la abundancia, pues nos permite transformar el poder del dinero en actos de amor y bondad.

Porque al final del día, aunque el dinero sea una herramienta valiosa, son nuestros actos, nuestras decisiones y cómo tocamos las vidas de los demás lo que define nuestro verdadero valor. En este juego de la vida, la riqueza más auténtica es aquella que se siente y se vive con el corazón.

5. Dinero como Energía fluyendo hacia la abundancia: En el universo dinámico en el que vivimos, todo está en constante movimiento y cambio. El dinero, lejos de ser una simple moneda estática, es una representación viva de esta energía que fluye a nuestro alrededor. Al igual que el aire que respiramos o el agua que bebemos, el dinero circula, se transforma y crea ondas de impacto en su camino.

Cuando intercambiamos dinero por bienes y servicios, no estamos simplemente realizando una transacción superficial. Estamos reconociendo y valorando el tiempo, el esfuerzo y las habilidades que otros han invertido. Cada vez que pagamos por algo, estamos participando en un ciclo de dar y recibir, en un baile eterno de energías que se entrelazan y se complementan.

Pero ¿qué sucede cuando vemos al dinero no solo como un medio de intercambio, sino como una energía que puede ser cultivada y potenciada? Nuestra actitud hacia el dinero tiene el poder de influir en cómo se manifiesta y fluye en nuestras vidas. Si lo vemos como algo limitado, escaso o difícil de alcanzar, esa será la realidad que proyectamos. Sin embargo, al adoptar una perspectiva sana, equilibrada y, sobre todo, abundante sobre el dinero, comenzamos a sintonizarnos con una frecuencia que atrae oportunidades y prosperidad.

Para atraer verdadera abundancia, es esencial reconocer que el dinero es simplemente una extensión de la energía universal. Al igual que con cualquier otra forma de energía, cuanto más generosos, abiertos y receptivos seamos, más atraeremos a nuestras vidas. La abundancia no se trata simplemente de acumular riqueza, sino de permitir que la energía del dinero fluya libremente, alimentando nuestros sueños, apoyando a otros y generando un impacto positivo en el mundo.

Al final del día, la verdadera magia no reside en cuánto dinero tengamos, sino en cómo lo usamos y en la energía que le infundimos. Al abrazar el dinero como una fuerza vital y poderosa, y al cultivar una mentalidad de abundancia, nos abrimos a un universo de posibilidades infinitas donde la prosperidad se convierte en nuestra aliada constante.

El dinero, como todo en la vida, es una herramienta. Lo que realmente importa es cómo lo usamos y el propósito que le damos. En este viaje de "Sabiduría 3.14", te invito a reflexionar sobre tu relación con el dinero. ¿Lo ves como un fin o como un medio? ¿Cómo puedes usarlo para enriquecer no solo tu vida, sino también la de los demás? Porque, al final del día, la verdadera riqueza no se mide en lo que tenemos, sino en lo que somos y cómo impactamos el mundo a nuestro alrededor.

Amor: El Lazo Que Une Todo

En el vasto universo de emociones y experiencias humanas, el amor resplandece como la estrella más brillante en el firmamento de nuestra existencia. No es simplemente una emoción o un sentimiento; es una fuerza, una energía que impulsa, conecta y transforma. Es el pegamento invisible que une corazones, culturas y civilizaciones.

Desde tiempos inmemoriales, el amor ha sido la inspiración detrás de grandes gestas, poderosas revoluciones y obras de arte inmortales. Ha sido celebrado en canciones, plasmado en lienzos y discutido en filosofía. Es el motor que impulsa a los padres a sacrificarse por sus hijos, a los amigos a apoyarse mutuamente y a los amantes a cruzar océanos y montañas para estar juntos.

Pero ¿qué es realmente el amor? Va más allá de las mariposas en el estómago o los versos románticos. Es una profunda conexión que trasciende lo físico, tocando el corazón o el asiento de nuestras emociones y el espíritu. Es el reconocimiento mutuo, la aceptación incondicional y la voluntad de crecer juntos.

En su esencia más pura, el amor es generosidad. Es dar sin esperar nada a cambio, es poner las necesidades de otro antes que las propias, es escuchar con el corazón y no solo con los oídos. Es el deseo genuino de ver florecer a otro, de ser el refugio en la tormenta y la risa en los buenos momentos.

Además, el amor no se limita a las relaciones románticas. Se extiende a la forma en que nos amamos a nosotros mismos, cómo nos valoramos y nos cuidamos. Es la base de cómo interactuamos con el mundo, cómo tratamos a otros seres vivos y cómo nos conectamos con el universo.

En la búsqueda de la felicidad, el amor emerge como el pilar más esencial. Porque sin amor, la salud y el dinero carecen de propósito. Es el amor el que da significado a nuestras acciones, el que tiñe de color nuestras experiencias y el que guía nuestro camino hacia un futuro lleno de esperanza y posibilidad.

Entonces, mientras exploramos esta dimensión del amor, sumerjámonos en sus profundidades, descubramos sus matices y celebremos su poder transformador. Porque en el amor, encontramos la esencia misma de la vida y el secreto de una felicidad duradera.

Amor Ágape: La Riqueza de un Corazón Abundante

En la tapiza de emociones humanas, el amor ágape brilla con un lustre especial. Proveniente de la tradición griega, "ágape" describe un tipo de amor incondicional, basado en principios, que va más allá de la emoción o el sentimiento efímero. Es el amor que da sin esperar recibir, que entiende sin juzgar y que perdona sin guardar rencor. Y cuando lo aplicamos a nuestra vida, este amor se convierte en una fuente inagotable de abundancia y riqueza.

Cuando nos movemos por el mundo con un corazón lleno de amor ágape, empezamos a ver oportunidades donde otros ven obstáculos. No porque tengamos una visión mágica, sino porque el amor basado en principios nos hace más receptivos a las bendiciones que nos rodean. Nos ayuda a valorar la riqueza que va más allá de lo material, reconociendo la abundancia en relaciones genuinas, en experiencias compartidas y en momentos de crecimiento personal.

Además, el amor ágape nos impulsa a ser generosos, y esta generosidad crea un ciclo de prosperidad. Como dice el viejo adagio: "lo que das, vuelve a ti". Al dar amor, comprensión y apoyo, atraemos esas mismas energías hacia nosotros. Creamos relaciones más sólidas, establecemos conexiones más profundas y fortalecemos los lazos que nos unen a otros.

En una era donde el éxito a menudo se mide en términos materiales, el amor ágape nos ofrece una perspectiva diferente. Nos muestra que la riqueza más grande no es la que se puede tocar, sino la que se siente en el corazón. Es un recordatorio constante de que, en el juego de la vida, aquellos que aman de manera incondicional y generosa son, en verdad, los más ricos de todos.

Entonces, al buscar la abundancia y la riqueza en nuestras vidas, recordemos siempre el poder transformador del amor ágape. Porque a través de este amor basado en principios, encontramos la clave para una vida llena de propósito, significado y una riqueza que trasciende lo material.

Hemos explorado juntos las tres dimensiones esenciales de la felicidad humana: salud, dinero y amor. Cada una, con su propia esencia y poder, nos guía a través del laberinto de la vida, iluminando nuestro camino hacia la realización personal. La salud nos da la vitalidad para perseguir nuestros sueños; el dinero, como una forma de energía, nos permite vivir con comodidad y seguridad; y el amor, en su forma más pura y basado en principios, nos conecta con otros y con el universo, recordándonos que somos parte de algo más grande.

Pero estas dimensiones son sólo el comienzo. Son la base, el cimiento sobre el cual construir una vida de abundancia, riqueza y éxito. Ahora, es el momento de mirar más allá, de adentrarnos en los elementos específicos que, cuando se cultivan con atención y pasión, nos llevan a ser exactamente quien decidimos ser.

Nos esperan 14 elementos cruciales, como las piezas de un intrincado rompecabezas. Cada uno, desde el propósito hasta la acción, desde la pasión hasta la voluntad, nos proporciona herramientas y perspectivas para moldear nuestra realidad, para atraer la abundancia que tanto anhelamos. Estos elementos son las llaves maestras que abren las puertas del éxito, las guías que nos ayudan a navegar el mar de posibilidades y a alcanzar las estrellas de nuestros sueños más grandes.

Así que, mientras cerramos este capítulo, te invito a embarcarte en este viaje conmigo, a descubrir y desentrañar cada uno de estos 14 elementos. Porque al dominarlos, no solo descubrirás la esencia de quién eres, sino que también tendrás el poder de crear la vida que siempre has deseado.

Prepárate, porque el viaje hacia tu abundancia, riqueza y éxito está a punto de comenzar. Y te prometo, será una aventura transformadora.

Capítulo 2

Elemento # 1: Propósito

La Brújula Interior de Nuestra Vida

Imagina por un momento que estás en medio de un vasto océano en un barco, con el horizonte infinito extendiéndose en todas direcciones. El mar puede ser calmado o tormentoso, pero sin una brújula o un mapa, es probable que navegues sin rumbo, llevado por las corrientes y los vientos caprichosos. De la misma manera, en el vasto océano de la vida, nuestro propósito actúa como esa brújula, ese mapa que nos guía hacia nuestro destino deseado.

El propósito no es simplemente un objetivo o una meta, es el 'por qué' detrás de todo lo que hacemos. Es la chispa que enciende nuestra pasión, la voz susurrante que nos guía durante los momentos de duda, y el faro que nos atrae cuando nos sentimos perdidos. Es lo que da significado a nuestros esfuerzos, transformando las simples acciones en misiones cargadas de intención y pasión.

Pero ¿cómo descubrimos nuestro propósito? No es algo que se pueda comprar o encontrar casualmente en la calle. Es un viaje introspectivo, una profunda excavación en nuestro interior para descubrir qué nos mueve realmente, qué nos apasiona y cómo queremos impactar en el mundo. Es una combinación de nuestras pasiones, talentos, valores y deseos. Es la respuesta a la pregunta: "¿Por qué estoy aquí y qué quiero lograr?"

La búsqueda de nuestro propósito no es una misión trivial. No es como buscar un objeto perdido en nuestra casa, donde sabemos que, con suficiente esfuerzo y paciencia, eventualmente lo encontraremos. Es mucho más complejo y matizado, ya que nos invita a explorar las profundidades de nuestro ser, más allá de lo superficial y lo evidente.

1. Introspección La Puerta Hacia Nuestro Interior: La introspección es la primera parada en este viaje hacia el descubrimiento del propósito. No es simplemente un acto de pensamiento pasivo, sino una profunda inmersión en las aguas internas de nuestro ser. Es como adentrarse en un bosque denso y misterioso, donde cada árbol, cada sendero, nos revela un aspecto oculto de nosotros mismos.

Al decidir mirar hacia adentro, estamos eligiendo enfrentar no solo nuestras luces, sino también nuestras sombras. Es un acto valiente, porque implica hacer preguntas que quizás no hemos querido responder: ¿Qué es lo que realmente quiero? ¿Qué miedos me detienen? ¿Qué patrones repetitivos veo en mi vida?

Estas preguntas, aunque desafiantes, son esenciales. Porque al responderlas, comenzamos a despejar el camino, a quitar las hierbas y piedras que nos han impedido avanzar con claridad. Y en ese proceso, empezamos a escuchar ese susurro, esa voz interna que ha estado ahí todo el tiempo, esperando ser escuchada. Es esa voz la que nos da pistas, nos guía y nos orienta hacia nuestro verdadero norte.

La introspección no es un destino en sí mismo, sino una herramienta, un medio para llegar a un fin. Es el lente a través del cual podemos ver con claridad, el espejo que refleja nuestra esencia más auténtica. Y aunque puede ser un proceso desconcertante e incluso incómodo, es esencial para desentrañar ese propósito que reside en lo más profundo de nuestro ser.

En este espacio de reflexión, nos permitimos ser vulnerables, auténticos y curiosos. Dejamos de lado las expectativas externas y las presiones sociales, y simplemente somos. Y en ese ser, en ese momento de quietud y sinceridad con nosotros mismos, encontramos las primeras pistas de nuestro propósito, de nuestro camino hacia la abundancia y el éxito.

2. Pasiones y Talentos: Estos son los fuegos artificiales del alma. Aquello que nos hace sentir vivos, que nos hace perder la noción del tiempo, que nos llena de energía. Son indicativos de donde podría estar nuestro propósito. Y cuando combinamos nuestras pasiones con nuestros talentos innatos, esas habilidades que parecen fluir naturalmente de nosotros, encontramos una pista poderosa de lo que estamos destinados a hacer.

3. Valores y Creencias: Los valores y creencias son las raíces profundas que sostienen el árbol de nuestra vida. Cada decisión que tomamos, cada paso que damos está influenciado, de una forma u otra, por estas convicciones fundamentales que llevamos en nuestro interior. Son como las reglas no escritas que guían nuestro comportamiento, nuestras interacciones y nuestra percepción del mundo.

Nuestros valores son las cualidades y principios que apreciamos y que consideramos dignos de seguir. Pueden ser cosas como la honestidad, la humildad, la generosidad o la disciplina. Son esas ideas intangibles que, aunque no las podamos ver o tocar, las sentimos profundamente y guían nuestra vida cotidiana. Hablaremos de ello en el capítulo nueve.

Las creencias son las percepciones y convicciones que tenemos sobre nosotros mismos, los demás y el universo en general. Determinan cómo interpretamos las experiencias, cómo reaccionamos ante ciertas situaciones y cómo visualizamos nuestro futuro.

Cuando hablamos de alinear nuestro propósito con nuestros valores y creencias, hablamos de encontrar una coherencia interna. Es como cuando las piezas de un rompecabezas encajan perfectamente. Esta alineación nos brinda una sensación de integridad, de estar siguiendo un camino que es verdaderamente nuestro. Nos da la seguridad de que, aunque enfrentemos desafíos, estamos en la ruta correcta.

Esta coherencia entre lo que valoramos, creemos y buscamos en la vida también nos otorga autenticidad. Vivimos fiel a nosotros mismos, sin máscaras ni pretensiones. Y esta autenticidad es un imán poderoso, atrayendo a personas y oportunidades que resuenan con nuestra verdad interna.

4. Deseos del Ser: Cada uno lleva en su interior un conjunto de deseos. Algunos son evidentes y tangibles, como el deseo de un nuevo automóvil, una casa o un trabajo específico. Sin embargo, hay otros deseos que van más allá de lo material, que no pueden ser satisfechos con bienes tangibles. Estos son los deseos del ser, las llamadas silenciosas del corazón que resuenan en las profundidades de nuestra esencia. En una sociedad donde el consumismo y la inmediatez a menudo dominan, es fácil quedar atrapado en la carrera por adquirir más y más. Sin embargo, más allá de estos deseos temporales, hay anhelos que no pueden ser satisfechos con objetos o logros superficiales. Son los deseos del ser, aquellos que nacen de una parte más esencial y auténtica de nosotros.

Estos anhelos no son pasajeros ni efímeros. Son sueños y visiones que han crecido y madurado con nosotros a lo largo del tiempo, resistiendo las pruebas y desafíos de la vida. Pueden ser el deseo de crear algo significativo, de conectarse profundamente con otros o de contribuir positivamente a la comunidad o al mundo en su conjunto.

Estos deseos del ser a menudo van de la mano con la idea de legado. No se trata solo de lo que queremos para nosotros, sino también de cómo queremos ser recordados, de qué huella queremos dejar en el mundo. Queremos que nuestra existencia tenga significado, que nuestras acciones resuenen y creen olas de cambio positivo.

Al honrar y seguir estos anhelos profundos, nos conectamos con nuestra autenticidad. Se convierten en un faro, iluminando nuestro camino hacia una vida que resuena verdaderamente con quiénes somos en nuestro núcleo.

Responder a la pregunta "¿Por qué estoy aquí y qué quiero lograr?" no es un acto que se realiza una sola vez y se olvida. Es un cuestionamiento continuo, una evolución constante a medida que crecemos, aprendemos y cambiamos. Pero con cada paso que damos en este viaje introspectivo, nos acercamos más a ese núcleo, a ese propósito que nos guía y nos da significado.

Y al descubrirlo, no solo iluminamos nuestro camino personal, sino que también encendemos una luz que puede guiar e inspirar a otros en su propia búsqueda. Porque al final del día, nuestro propósito es tanto un regalo para nosotros mismos como para el mundo.

Al comprender y abrazar nuestro propósito, cada paso que damos se siente más seguro, más alineado. Ya no somos simplemente reactivos ante la vida, sino proactivos en la creación de nuestro destino. Nuestras decisiones adquieren claridad, y nuestra energía se magnifica, atrayendo oportunidades y personas que resuenan con nuestra misión.

Además, un propósito claro es un imán poderoso para la abundancia y el éxito. Cuando actuamos con intención, el universo parece conspirar a nuestro favor, abriendo puertas y allanando caminos. Pero más allá de la riqueza material, un propósito firme nos brinda una riqueza de experiencia, satisfacción y plenitud que es inigualable.

Te invito a sumergirte en el profundo mar de tu vida, a buscar y conectar con tu propósito único. Porque al hacerlo, no solo encontrarás tu brújula interna, sino también la llave para desbloquear una vida de verdadera riqueza, abundancia y éxito.

La vida, con sus mareas altas y bajas, se asemeja a un vasto océano, lleno de misterios, aventuras y descubrimientos. Y en este océano, todos buscamos ese faro, esa señal que nos guíe hacia nuestro destino auténtico. Ese destino es nuestro propósito, la razón única y especial por la cual existimos y que da significado a nuestra travesía.

Antes de encontrar respuestas, debemos sumergirnos en las profundidades de nuestro ser. Esto implica hacer una pausa, silenciar el ruido externo y escuchar atentamente lo que nuestra voz interior tiene para decirnos. Meditar, escribir un diario o simplemente pasar tiempo en la naturaleza pueden ser prácticas poderosas para esta introspección.

Cada uno tiene valores y creencias que nos definen. Identificarlos y alinear nuestras acciones con ellos es un paso esencial hacia la conexión con nuestro propósito. Cuando actuamos de acuerdo con lo que realmente valoramos, el camino se aclara y el propósito se revela.

Más allá de los deseos superficiales, hay anhelos profundos que resuenan con nuestra esencia. Estos son los sueños y metas que nos emocionan, que nos llenan de pasión y determinación. Al reconocerlos y honrarlos, nos acercamos un paso más a nuestro propósito.

La búsqueda del propósito no es un acto pasivo. Requiere acción, experimentación y, a veces, incluso fracaso. Pero con cada paso, con cada reflexión, nos acercamos más a entender quiénes somos y qué queremos lograr. Es un proceso continuo de aprender, adaptarse y avanzar.

A veces, las respuestas vienen de lugares inesperados. Puede ser un libro, una conversación con un amigo o incluso una experiencia aleatoria. Estar abierto a la inspiración y reconocerla cuando se presenta es esencial en nuestra búsqueda.

En el silencio, aprende a escuchar esa voz interna que a menudo ignoramos en la rutina diaria. Tu intuición es como un faro en la noche, guiándote hacia tu verdad interna.

Muchas veces, nuestras nociones de éxito están influenciadas por la sociedad, la familia o los amigos. Redefine el éxito en tus propios términos, basándote en lo que realmente tiene valor y significado para ti.

No tengas miedo de salir de tu zona cómoda y probar cosas nuevas. Puede que descubras pasiones y talentos que no sabías que tenías.

Conectar con tu propósito es un viaje, no un destino. Requiere compromiso, paciencia y una mente abierta. Celebrar los pequeños descubrimientos y estar dispuesto a aprender y adaptarse.

Al final del día, tu propósito es esa chispa única que llevas dentro, esperando ser descubierta y compartida con el mundo. Al conectar con él, no solo iluminas tu camino, sino que también tienes el potencial de iluminar el camino de otros. Es la llave para vivir una vida de verdadera riqueza, abundancia y éxito.

El propósito es la visión global, el gran "¿por qué?" detrás de todo lo que hacemos. Sin embargo, para concretar ese propósito y hacerlo tangible, es necesario traducirlo en metas específicas y acciones concretas. La fijación de metas es el puente entre tu propósito y la realidad, el proceso que te permite avanzar paso a paso hacia la realización de ese propósito. Aquí te presento una guía para establecer metas efectivas que te impulsen hacia tu visión:

1. Claridad en la Meta: Es esencial que tus metas sean claras y específicas. En lugar de decir "quiero ser más saludable", podrías decir "quiero correr 5 km en 30 minutos dentro de seis meses". Esta especificidad te proporciona una dirección clara y te permite medir tu progreso.

2. Metas SMART: Uno de los enfoques más populares para establecer metas es el método SMART. Significa que tus metas deben ser Específicas (Specific), Medibles (Measurable), Alcanzables (Achievable), Relevantes (Relevant) y Temporales (Time-bound).

3. Divide y Vencerás: Descompone metas grandes en metas más pequeñas y manejables. Si tu objetivo es escribir un libro, divide esa meta en capítulos, y esos capítulos en páginas o palabras diarias. Celebrar pequeños logros te motivará a seguir adelante.

4. Mantén el Enfoque: En la era de las distracciones, es fácil perderse en la multitud de tareas diarias. Dedica tiempo regularmente para revisar y ajustar tus metas. Esto te permitirá mantener el enfoque y adaptarte a los cambios que puedan surgir.

5. Visualiza el Éxito: Imagina con regularidad cómo te sentirás una vez que hayas alcanzado tus metas. Esta visualización actúa como un potente motivador y te recuerda el "¿por qué?" detrás de tus esfuerzos.

6. Mantente Responsable: Comparte tus metas con alguien en quien confíes, ya sea un amigo, un mentor o un coach. Esta persona puede ofrecerte apoyo, perspectiva y recordarte tus compromisos cuando las cosas se pongan difíciles.

7. Aprende y Adapta: La vida es impredecible y, a menudo, se presentan obstáculos en el camino. En lugar de desanimarte, utiliza estos desafíos como oportunidades para aprender y adaptar tus metas según sea necesario.

8. Celebra tus Logros: Cada vez que alcances una meta, tómate un momento para celebrar. Estas celebraciones refuerzan comportamientos positivos y te motivan a seguir adelante.

En resumen, tener un propósito es el inicio; es la chispa que enciende el fuego. Pero la fijación de metas es el combustible que mantiene ese fuego ardiendo y te guía en tu camino hacia el éxito y la realización.

El propósito actúa como el faro que guía nuestras vidas, dándole dirección y significado a todo lo que hacemos. A través de una introspectiva inmersión en el océano de nuestra existencia, hemos aprendido la importancia de reflexionar, escuchar nuestra intuición y redefinir el éxito en función de nuestras verdaderas pasiones y valores. El propósito es esa chispa interna, ese llamado profundo que nos motiva y nos impulsa a seguir adelante, a pesar de los desafíos y adversidades.

Conectar con nuestro propósito no es un acto aislado; es un viaje continuo de autodescubrimiento y crecimiento. Es la base sólida sobre la cual construimos nuestra vida, y una vez que la hemos identificado, nos lleva al siguiente paso esencial: establecer metas claras y concretas para lograrlo.

Pero ¿cómo pasamos de comprender nuestro propósito a materializarlo en la realidad? Aquí entra en juego el poder de soñar. Los sueños son las visiones que nos permiten visualizar nuestro propósito en acción. Son el puente entre el "qué" de nuestro propósito y el "cómo" de su realización. En el próximo capítulo, "Soñar", exploraremos cómo nuestros sueños más profundos y audaces pueden ser el catalizador que transforma nuestra visión en una realidad tangible

Capítulo 3

Elemento # 2: Soñar

"Yo tengo un sueño". Con esas palabras, Martin Luther King Jr. no solo compartió una visión para un futuro más equitativo, sino que también encapsuló la esencia del poder de soñar. No estaba hablando de un sueño que se experimenta al dormir, sino de una visión, una aspiración, una imagen clara y poderosa de un futuro deseado. Es este tipo de sueño el que da dirección a nuestras vidas, el que enciende la chispa de la acción y nos motiva a superar cualquier obstáculo.

Visión Clara: El Poder de un Objetivo Definido.

Párate por un momento y visualiza un extenso campo verde que se extiende hasta donde alcanza la vista. En tus manos, sientes el peso de un arco y una flecha. El viento acaricia tu rostro y sientes una mezcla de emoción y expectativa. Delante de ti, hay múltiples blancos a diferentes distancias, cada uno representando distintos sueños y metas.

Ahora, si cierras los ojos y disparas la flecha sin tener un blanco específico, la flecha viajará, sí, pero su destino será incierto. Podría aterrizar en cualquier lugar, sin un propósito real. Sin embargo, si antes de soltar la flecha, eliges un blanco, te concentras en él, ajustas tu postura y tu respiración, y luego sueltas... tu tiro no solo tiene dirección, sino también intención y propósito.

Es este enfoque deliberado lo que nos da claridad en la vida.

Al igual que el arquero en el campo, necesitamos tener una visión clara de nuestros objetivos. No se trata solo de saber a dónde queremos ir, sino de entender el 'por qué' detrás de ese deseo. Es esta visión la que nos guía, la que nos mantiene centrados cuando las distracciones o los desafíos aparecen en nuestro camino.

Nuestros sueños, al igual que esos blancos en el campo, pueden ser muchos y variados. Para cada uno es esencial tener una imagen clara y detallada de lo que queremos alcanzar. Esta visión actúa como una brújula, señalando la dirección que debemos seguir. Y con cada paso que damos, con cada acción que emprendemos, esa brújula nos mantiene enfocados y alineados con nuestro propósito más grande.

Así que, antes de embarcarte en cualquier empresa o desafío, tómate un momento para definir tu blanco, para clarificar tu visión. Porque cuando sabes a dónde te diriges y por qué lo haces, cada acción que tomes estará impregnada de significado y propósito, llevándote inexorablemente hacia la realización de tus sueños

Compromiso con la Acción: La Fuerza Motriz de Nuestros Sueños.

Imagina por un momento que en tus manos tienes una pequeña y frágil semilla. Esa semilla representa un sueño, una visión, una meta que deseas alcanzar. A primera vista, puede parecer insignificante, pero en su interior lleva el potencial para transformarse en algo majestuoso.

Ahora, si simplemente sostienes esa semilla en tu mano y

esperas, nada ocurrirá. Pero si decides comprometerte con ella, plantarla en tierra fértil, regarla y cuidarla, con el tiempo, esa semilla germinará y crecerá hasta convertirse en un robusto árbol.

El mismo principio se aplica a nuestros sueños. Tener un sueño es el primer paso, pero si queremos verlo florecer, es esencial comprometernos con la acción. Eso significa levantarnos cada mañana con determinación, dispuestos a enfrentar los desafíos y superar los obstáculos que puedan surgir. Implica ser resilientes, perseverantes y, sobre todo, tener la firmeza de seguir adelante, incluso cuando el camino se torna difícil.

Cada acción que tomes, por muy pequeña que parezca, es un paso más cerca de tu sueño. Piensa en ello como en el riego diario de tu semilla. Algunos días, la acción puede ser tan simple como investigar, aprender o simplemente tomar un respiro y reevaluar. Otros días, puede tratarse de tomar decisiones audaces o enfrentar desafíos importantes. Pero lo esencial es mantener el movimiento, mantener el compromiso.

Con el tiempo, esas acciones diarias se suman, y antes de que te des cuenta, habrás avanzado más de lo que jamás imaginaste. Así que, cuando te sientas desmotivado o cuando los obstáculos parezcan insuperables, recuerda esa pequeña semilla en tus manos y el potencial que lleva dentro. Tu sueño, al igual que esa semilla, tiene el poder de crecer y florecer, siempre y cuando te comprometas con la acción

Resiliencia ante los Obstáculos: La Chispa que Enciende la Determinación

Piensa por un momento en las montañas rusas. Las subidas son emocionantes, te llenan de anticipación y, a veces, de miedo. Pero las bajadas, aunque pueden ser estremecedoras, son una parte esencial de la experiencia completa. En muchos sentidos, el camino hacia nuestros sueños es como una montaña rusa: hay altos y bajos, giros y vueltas inesperados.

Ahora, es completamente natural sentir desánimo cuando las cosas no salen como esperábamos. Todos, en algún momento, hemos enfrentado dudas que nacen desde nuestro interior, críticas que llegan desde el mundo exterior o incluso tropiezos que nos toman por sorpresa. Pero aquí es donde la resiliencia juega su papel más crucial.

La resiliencia no es simplemente la capacidad de soportar, sino también la habilidad para adaptarse, aprender y, lo más importante, seguir avanzando. Es como ese ciclista que, a pesar de las caídas y raspones, se levanta, sacude el polvo de sus rodillas y decide continuar pedaleando hacia su destino. No porque no sienta el dolor o el desánimo, sino porque reconoce que cada obstáculo es una oportunidad de crecimiento.

Las dudas internas pueden convertirse en reflexiones profundas que fortalecen nuestra convicción. Las críticas externas, cuando se reciben con una mente abierta, pueden ofrecernos perspectivas valiosas para mejorar. Y esos fallos inesperados, aunque dolorosos en el momento, a menudo se convierten en las lecciones más valiosas que llevamos con nosotros.

Así que, cuando te encuentres en medio de esos desafiantes valles en tu montaña rusa personal hacia tus sueños, recuerda que la resiliencia es tu compañera fiel. Ella te dará la fuerza para levantarte, la sabiduría para aprender y la chispa de determinación que te guiará a través de las pendientes más empinadas. Porque al final del día, no son los obstáculos lo que define nuestro viaje, sino cómo elegimos enfrentarlos

Es innegable que Martin Luther King Jr. dejó una huella imborrable en la historia con su icónico discurso "I Have a Dream" ("Yo tengo un sueño"). Pero, lo que a menudo se pasa por alto es el profundo significado que hay detrás de ese sueño y la resonancia que tiene en la vida de cada individuo, incluso en la nuestra.

El Dr. King no estaba simplemente soñando con un futuro distante o una utopía lejana. Estaba visualizando un mundo donde la equidad, la justicia y el amor prevalecieran sobre el odio y la discriminación. Un mundo donde las personas fueran juzgadas por el contenido de su carácter y no por el color de su piel. Y ese sueño no nació de la nada; estaba arraigado en una visión clara y firme de lo que podía y debía ser.

Sin embargo, lo que realmente distingue a Martin Luther King Jr. no es solo su habilidad para soñar, sino también su incansable compromiso con la acción. A pesar de las amenazas, la opresión y los innumerables desafíos, él siguió adelante, armado con una fe inquebrantable en su visión y una determinación inigualable para actuar. Nos mostró que un sueño, por muy grande o ambicioso que sea, solo se materializa cuando se acompaña de pasos concretos hacia su realización.

Lo que el Dr. King nos enseña va más allá de la lucha por los derechos civiles. Nos recuerda que todos tenemos el poder de ser agentes de cambio. Cada uno tiene un sueño, una visión, algo que desea ardientemente para sí mismo, para su comunidad o para el mundo. Y si bien esos sueños pueden variar en tamaño y alcance, todos tienen una cosa en común: el potencial para marcar una diferencia.

Entonces, ¿qué significa esto para nosotros? Significa que no debemos subestimar el poder de nuestros propios sueños. Significa que, con una visión clara en mente y el coraje para actuar, podemos ser catalizadores de cambio, no importa cuán insuperables parezcan los obstáculos.

El legado del Dr. King nos insta a no ser simples espectadores en el gran teatro de la vida, sino actores principales, dispuestos a jugar nuestro papel con pasión, determinación y autenticidad. Porque, al final del día, no se trata solo de soñar con un mundo mejor, sino de levantarse cada mañana con la firme intención de construirlo.

En nosotros hay un sueño esperando que lo descubran y realicen. Una visión que arde con pasión, que nos ilumina incluso en los días más oscuros y que tiene el potencial de guiar nuestros pasos en la danza de la vida. Entonces, la pregunta que resuena con fuerza y claridad, casi como un eco en las montañas de nuestra conciencia es: ¿cuál es tu sueño? Es una pregunta que no busca una respuesta apresurada, sino una introspección profunda, una meditación que nos lleve al núcleo mismo de nuestros deseos y aspiraciones.

Pero descubrir ese sueño es solo el inicio del viaje. Una vez que se revela, emerge una interrogante igualmente crítica, si no más: ¿qué estás dispuesto a hacer para lograrlo? Esta pregunta te invita a moverte, a pasar de la contemplación a la acción. No es suficiente simplemente soñar, hay que darles vida a esos sueños, hay que darles alas. Y eso exige sacrificio, compromiso y una determinación inquebrantable.

Ambas preguntas se entrelazan en una danza de reflexión y acción. La primera te pide que escuches a tu corazón y descubras lo que realmente resuena contigo. La segunda te desafía a ponerte de pie, a enfrentar los vientos contrarios, a luchar contra las mareas y a perseverar incluso cuando el camino se vuelve empinado.

Así que, te invito a que te tomes un momento, que respires profundamente y que te sumerjas en estas preguntas. Permíteles que te guíen, que te desafíen, que te inspiren. Porque al final del día, son estas preguntas las que tienen el poder de transformar no solo tu vida, sino también el mundo que te rodea.

Preguntarás; ¿pero, para qué me sirve soñar si ya tengo mi propósito bien definido?

Cuando hablamos de propósito, nos referimos a ese motor interno, esa chispa que nos da dirección y sentido en la vida. Es el "por qué" detrás de cada acción, la razón profunda que nos impulsa a levantarnos cada mañana. Pero ¿cómo llevamos ese propósito a la realidad? Aquí entra en juego el poder del sueño.

Imagina que tu propósito es como un boceto, un diseño preliminar de lo que deseas crear en tu vida. Es la estructura, la base sobre la cual construyes. Pero el sueño... ah, el sueño es la pintura con la que coloreas ese boceto, dándole vida, vibración y energía. El sueño es la visualización de ese propósito en su máxima expresión, es verlo realizado, tangible, palpable.

Al soñar nuestro propósito, lo que hacemos es proyectar en nuestra mente y corazón cómo se vería y se sentiría una vez que esté completamente manifestado. Es como si tuviéramos un adelanto, un tráiler de una película que aún no se ha estrenado pero que ya está en producción. Y al permitirnos ese vistazo al futuro, nos llenamos de entusiasmo, determinación y, sobre todo, claridad.

Porque soñar nuestro propósito nos da un mapa. Nos muestra el destino al que queremos llegar, y nos da pistas sobre cómo llegar allí. Nos dice qué habilidades debemos desarrollar, qué recursos necesitamos reunir y qué obstáculos podríamos encontrar en el camino. Pero más que nada, nos da la certeza de que, pase lo que pase, vale la pena seguir adelante.

Soñar nuestro propósito implica darle alas, permitirle que vuele en nuestra imaginación y nos muestre cómo sería la vida una vez que esté en plena manifestación. Es un ejercicio de visualización, donde nos sumergimos en los detalles, en las emociones, en las sensaciones que ese propósito cumplido traerá a nuestra vida. Al permitirnos este viaje mental, conectamos con una versión de nosotros mismos más apasionada, más viva, más alineada con nuestra esencia.

Y aquí radica la magia: al vivirlo con tanta intensidad en nuestra mente y corazón, creamos un impulso irrefrenable que nos mueve hacia la acción. Es como si ese sueño, al cobrar vida en nuestro interior, comenzará a ejercer una fuerza gravitacional que nos atrae hacia él. Nos sentimos compelidos, motivados, inspirados a dar los pasos necesarios para hacerlo realidad.

Porque al final, la verdadera potencia de un sueño no reside únicamente en su capacidad de inspirar, sino en su habilidad de movilizarnos. Un sueño, cuando está respaldado por la acción deliberada y constante, trasciende el reino de la imaginación y se materializa en nuestra realidad tangible.

Soñar con el futuro deseado no es un simple acto de fantasía o una distracción momentánea de la realidad, es un elemento crucial en la configuración de nuestras metas y objetivos. Cuando nos permitimos soñar, abrimos la puerta a un mundo de posibilidades, construyendo un puente entre el presente y el futuro anhelado, entre lo que es y lo que podría ser.

El poder de los sueños radica en su habilidad para infundir claridad. Al imaginar un futuro específico, detallado y vívido, nos otorgamos un mapa mental sobre el cual podemos trazar nuestra ruta. Es como tener un faro en medio de la noche que nos guía a través de las aguas tumultuosas, indicándonos la dirección correcta y advirtiéndonos de posibles obstáculos.

Al soñar con ese futuro, visualizamos el destino final y las acciones, decisiones y sacrificios necesarios para llegar allí. Transforma un deseo etéreo en una visión concreta, otorgándole un contorno y una forma que podemos tocar, sentir y, lo más importante, hacia la cual podemos avanzar.

Los objetivos y metas, por otro lado, actúan como los escalones que nos llevan hacia ese sueño. Son las tareas concretas, los hitos medibles y alcanzables que, paso a paso, nos acercan a esa imagen idealizada del futuro. Sin un sueño que los respalde, estos objetivos podrían carecer del contexto emocional y la motivación que los haga significativos.

Además, los sueños tienen una capacidad incomparable para alimentar nuestra pasión y determinación. En momentos de desaliento o desafío, es la visión de ese futuro anhelado lo que nos recuerda por qué empezamos este viaje en primer lugar. Nos brinda el combustible emocional para perseverar, para levantarnos después de cada caída y seguir avanzando con renovado entusiasmo.

La Procrastinación: El Silente Ladrón de Sueños.

La procrastinación, ese acto aparentemente inofensivo de postergar tareas y responsabilidades para "más tarde", es en realidad una de las mayores barreras que nos impiden alcanzar nuestros sueños. Es un hábito que, aunque a veces puede parecer inocente, tiene efectos profundos y a menudo perjudiciales en nuestra capacidad para avanzar en la vida. Veamos cómo:

Pérdida de Tiempo Valioso: Cada momento que postergamos una acción es un momento que nunca recuperaremos. El tiempo es uno de nuestros recursos más preciados y limitados. Mientras más lo desperdiciemos en indecisiones y dilaciones, menos oportunidades tendremos para actuar en favor de nuestros sueños.

Acumulación de Tareas: Al postergar, las tareas se acumulan, y lo que al principio podría haber sido una tarea manejable, con el tiempo se convierte en una montaña abrumadora. Esta sensación de agobio puede reducir aún más nuestra motivación para empezar.

Disminución de la Autoestima: Al retrasar constantemente lo que sabemos que debemos hacer, empezamos a dudar de nuestra propia capacidad y compromiso. Estas dudas pueden alimentar un ciclo negativo de baja autoestima y aún más procrastinación.

Pérdida de Oportunidades: El mundo no espera. Mientras procrastinamos, se nos pueden escapar oportunidades valiosas que podrían haber sido esenciales para nuestro crecimiento y para acercarnos a nuestros objetivos.

Costo Emocional: La procrastinación a menudo lleva a la culpa y al estrés. Saber que estamos evitando una tarea genera ansiedad, y esta ansiedad a su vez nos hace querer evitar aún más la tarea, creando un ciclo vicioso.

Compromiso a Medias: Cuando finalmente nos decidimos a actuar, pero lo hacemos apresuradamente para "cumplir", la calidad de nuestro trabajo se ve afectada. No estamos dando lo mejor de nosotros, lo que disminuye las posibilidades de éxito en lo que emprendemos.

Distorsión de Prioridades: Procrastinar puede llevarnos a ocuparnos de tareas menos importantes para sentir que "hacemos algo", dejando de lado lo que realmente importa y que podría tener un impacto significativo en nuestros sueños.

Para aquellos de nosotros que llevamos en el corazón un

sueño, un propósito, la procrastinación es un rival silente pero poderoso. Pero, al igual que cualquier hábito, puede ser superado. Reconocer su impacto en nuestra vida es el primer paso para tomar medidas y, con determinación y estrategias adecuadas, podemos retomar las riendas, actuar con propósito y seguir avanzando hacia la realización de nuestros más grandes anhelos.

El Sueño Robado: Por Qué Algunos Se Despojan de Sus Aspiraciones

Todos hemos conocido personas con sueños brillantes, con metas que podrían haber cambiado su mundo y, quizás, el mundo de muchos otros. Sin embargo, por razones diversas, esas personas abandonan esos sueños, permitiendo que se les sean "robados". Pero ¿por qué ocurre esto? Y, aún más importante, ¿cuáles son las implicaciones de tal renuncia? Veámoslo con más detalle:

Miedo al fracaso: El miedo al fracaso es uno de los temores más paralizantes que el ser humano puede experimentar. Es una emoción tan profunda y arraigada que, a menudo, ni siquiera somos conscientes de su presencia. Sin embargo, sus efectos en nuestras vidas son indiscutiblemente poderosos. Analicemos con más detalle este miedo y sus implicaciones:

Origen del Miedo: Desde pequeños, la sociedad nos inculca la idea de que el éxito es bueno y el fracaso es malo. Las calificaciones en la escuela, las opiniones de los amigos y las expectativas familiares nos enseñan que fallar es algo a evitar a toda costa.

Autovaloración: Para muchos, el miedo al fracaso está intrínsecamente ligado a su autoestima. Sienten que, si fracasan en algo, eso los define como personas. Así, comienzan a cuestionar su valía y competencia.

El Fantasma de la Crítica: Vivimos en un mundo hiperconectado donde las opiniones de los demás parecen estar en todas partes: redes sociales, comentarios, conversaciones. El miedo a ser juzgados o criticados por un intento fallido puede ser abrumador.

La Falacia del "Todo o Nada": Muchos adoptan la mentalidad de que, si no pueden hacer algo perfectamente, es mejor no hacerlo en absoluto. Esta perspectiva extrema evita que prueben cosas nuevas o que salgan de su zona de confort.

El Costo de No Actuar: Si bien el miedo al fracaso puede parecer una protección contra el dolor o la vergüenza, tiene un costo oculto. Al no tomar riesgos o probar cosas nuevas por miedo a fallar, se pierden innumerables oportunidades de aprender, crecer y, finalmente, tener éxito.

Replantear el fracaso: Una de las maneras más efectivas de enfrentar el miedo al fracaso es cambiar nuestra percepción de lo que significa "fracasar". En lugar de verlo como un final catastrófico, podemos verlo como una oportunidad de aprendizaje, un escalón necesario en el camino hacia el éxito.

La realidad es que todos, en algún momento de nuestras vidas, enfrentamos el miedo al fracaso. Pero es crucial recordar que el verdadero fracaso no está en caer, sino en no levantarse para intentarlo de nuevo. La grandeza se encuentra al otro lado del miedo, y a menudo es a través de nuestros errores y tropiezos que encontramos nuestro verdadero potencial.

Influencias Negativas: En el viaje de la vida, las personas con las que nos rodeamos juegan un papel fundamental en la forma en que percibimos el mundo y nos percibimos a nosotros mismos. Las influencias negativas, lamentablemente, son una realidad con la que muchos luchan. El caso del Flaco (omitiremos el nombre real) es un ejemplo vívido de una influencia negativa. El Flaco, un joven con muchos talentos y habilidades llegó de los EE. UU. para vivir con sus abuelos y lograr su sueño; ser cantante en el género de "reguetón". Este joven con la capacidad y talento de escribir sus propias canciones estaba a punto de convertir ese sueño en realidad, ya había subido algunas canciones en plataformas "online". En busca de obtener un dinero adicional para "pagarse la música" o al menos la mitad, ya que su abuelo lo ayudaba, consiguió un trabajo, cosa que no está nada mal, sin embargo, perdió su norte al comprometerse e irse a vivir con una joven de su mismo trabajo y adquirir unas responsabilidades que, aunque ciertamente pueden ser una bendición, en su caso fueron una distracción que lo alejaron de su sueño. En este caso lo traigo como ejemplo de Influencia negativa, eso no significa que enamorarse sea negativo; al contrario, la pareja puede ser una fuente de estímulo y apoyo para lograr los sueños necesarios. Eso tampoco significa que la pareja del Flaco sea una persona negativa, ya que no tiene esa predisposición, sino las circunstancias y responsabilidades que asumieron.

¿Podría una persona estar predispuesta a la negatividad? Las personas negativas no nacen con esa predisposición; son producto de sus propias experiencias, temores y frustraciones. Al entender esto, podemos ver su negatividad no como un reflejo de nuestra realidad, sino de la suya.

A menudo, las voces más críticas provienen de nuestro pasado: un maestro despectivo, un pariente desaprobador o un amigo envidioso. Estas voces pueden resonar en nuestras mentes durante años, afectando nuestra autoestima. El deseo de ser aceptados y pertenecer es intrínseco al ser humano. Sin embargo, cuando este deseo nos lleva a dar demasiado peso a las opiniones de los demás, especialmente a las negativas, puede desviar nuestro camino y oscurecer nuestra visión.

Es esencial ser conscientes de las influencias a las que nos exponemos. Así como cuidamos nuestra salud física, debemos proteger nuestra salud mental de las toxinas emocionales que algunas personas pueden liberar. A pesar de las influencias negativas, siempre hay fuentes de inspiración y positividad a nuestro alrededor. Buscar y rodearnos de individuos y experiencias positivas puede contrarrestar el impacto de las voces negativas.

Al final del día, la resiliencia ante las influencias negativas proviene de nuestro interior. Cultivar la autoafirmación, la autoestima y la claridad en nuestros sueños y propósitos nos permite resistir las tormentas de negatividad y mantener el rumbo.

Las influencias negativas, aunque desafiantes, también pueden ser una oportunidad para el crecimiento personal. Al reconocerlas, enfrentarlas y superarlas, no solo protegemos nuestros sueños, sino que también fortalecemos nuestro carácter y determinación en el proceso.

Confort y Conformismo: La comodidad es, sin duda, un oasis en el desierto de la vida, un lugar donde podemos descansar y recargar energías. Sin embargo, hay ocasiones en las que esta comodidad puede convertirse en una cadena que nos ancla, impidiéndonos avanzar hacia horizontes más amplios. La vida moderna, con sus avances y facilidades, nos invita constantemente a la comodidad. Ya sea el sofá de nuestra sala, una rutina sin sobresaltos o la familiaridad de lo conocido, todos estos elementos pueden tener un atractivo casi magnético.

El ser humano, por naturaleza, tiende a evaluar el balance entre el esfuerzo y la recompensa. A veces, la percepción del riesgo asociado a salir de la zona de confort puede eclipsar las potenciales recompensas de perseguir un sueño. Lo desconocido puede ser intimidante. El pensamiento de "mejor malo conocido que bueno por conocer" puede prevalecer, haciendo que nos aferremos a lo familiar, aunque este no sea lo más beneficioso para nosotros.

Romper con el confort y el conformismo no implica un cambio radical de la noche a la mañana. Comienza con pequeños pasos, desafiándote a ti mismo diariamente, expandiendo poco a poco tus límites y redefiniendo tu zona de confort.

En definitiva, mientras que la comodidad y el conformismo pueden ofrecer un refugio temporal, no deben convertirse en la morada permanente de quienes sueñan en grande. La verdadera realización y satisfacción provienen de superar desafíos, perseguir pasiones y convertir los sueños en realidad.

Desgaste y fatiga: La vida está llena de retos. Y, a veces, las dificultades y obstáculos constantes pueden causar desgaste. Algunos pueden empezar a sentir que sus sueños son inalcanzables y decidir que es más fácil simplemente abandonar.

Falta de Autoconocimiento: No conocerse a uno mismo a fondo puede llevar a dudar de lo que realmente se quiere en la vida. Si no están seguros de su sueño, es más fácil dejar que se les sea arrebatado.

Implicaciones de Perder un Sueño:

Vida sin Plenitud: Una vida sin sueños es como un barco sin rumbo. Puede haber movimiento, pero carece de dirección y propósito.

Arrepentimiento: Con el tiempo, aquellos que dejan sus sueños atrás a menudo se encuentran reflexionando sobre "lo que pudo haber sido", sintiendo un vacío y anhelando oportunidades perdidas.

Efecto Dominó: Un sueño abandonado no solo afecta a la persona en cuestión. Puede tener un impacto en su familia, amigos y comunidad, ya que un sueño cumplido podría haber generado oportunidades y beneficios para muchos.

Estancamiento Personal: Al no perseguir nuestros sueños, corremos el riesgo de quedarnos estancados, sin crecimiento personal, profesional o espiritual.

Falta de Legado: Todos queremos dejar una marca en el mundo, un legado que trascienda. Sin sueños y aspiraciones, ese legado puede ser mucho menos significativo.

A pesar de estas razones y consecuencias, es vital recordar que nunca es demasiado tarde para retomar un sueño perdido o para forjar uno nuevo. Los sueños son el combustible de nuestra existencia y, con determinación y apoyo, siempre hay una oportunidad de reavivar la llama y seguir persiguiéndolos. Pensemos en la siguiente metáfora: En una pequeña aldea, donde el tiempo parecía haberse detenido, vivía Marcos, un hombre de mediana edad que había perdido la esperanza en sus sueños. La rutina y los sinsabores de la vida habían opacado el brillo en sus ojos. Las risas y la alegría de antaño eran ecos lejanos que parecían haberse desvanecido con el viento.

Sin embargo, un día, mientras caminaba por el bosque cercano a su hogar, encontró un antiguo baúl enterrado bajo un montón de hojas. Al abrirlo, una brillante luz emanó de su interior, revelando un libro con páginas doradas. Era el "Libro de los Sueños Olvidados". En sus páginas, Marcos vio reflejados todos esos sueños y aspiraciones que había dejado atrás.

Al tocar las páginas, los recuerdos comenzaron a fluir en su mente, recordándole la pasión y el entusiasmo que solía sentir. Cada página le mostraba la ilusión de lo que podría haber sido y lo que aún podría ser. Al cerrar el libro, una nueva determinación inundó su ser.

A pesar de los años, Marcos entendió que nunca es tarde para retomar un sueño olvidado o para descubrir uno nuevo. Con el "Libro de los Sueños Olvidados" en mano, regresó a la aldea y compartió su descubrimiento con los demás. Juntos, como comunidad, comenzaron a soñar de nuevo, reavivando la llama de la esperanza y la pasión.

La aldea, que una vez estuvo sumida en la monotonía, se transformó en un lugar lleno de vida, color y alegría. Los sueños, lejos de ser meros deseos, se convirtieron en el combustible que impulsó a cada persona a alcanzar su máximo potencial.

La historia de Marcos nos enseña que, a pesar de las adversidades y desafíos, siempre hay una luz al final del túnel. No importa cuán oscuro parezca el camino, con determinación, apoyo y la creencia en uno mismo, siempre hay una oportunidad de revivir nuestros sueños y hacerlos realidad. ¡Así que, no esperes más! Abre tu propio "Libro de los Sueños Olvidados" y déjate guiar por ellos.

La capacidad de soñar es intrínseca al ser humano. Todos, en algún momento de nuestras vidas, hemos soñado con algo más grande, con un futuro mejor o con alcanzar metas que parecen inalcanzables. Pero ¿cuántos realmente persiguen esos sueños y los convierten en una realidad?

El sueño es el segundo elemento en nuestro viaje hacia convertirnos en personas 3.14, donde "Yo seré lo que yo decida ser". Y, tú serás lo que tú decidas ser. Tener un sueño es tener una visión, una guía que nos orienta y nos da dirección. Es el faro que ilumina nuestro camino cuando las cosas se ponen difíciles, el impulso que nos motiva a seguir adelante a pesar de los obstáculos.

Pero, tener un sueño no es suficiente. Es vital analizarlo, entenderlo y comprometerse con él. Solo así podremos trazar un plan de acción que nos lleve a su realización. La decisión de perseguir nuestros sueños, de actuar y de no dejarnos influenciar por el miedo o las opiniones negativas de los demás, recae únicamente en nosotros.

Así que te invito a hacer una pausa, a reflexionar sobre tus sueños y a preguntarte: ¿Estoy realmente comprometido con ellos? ¿Estoy dispuesto a hacer lo necesario y pagar el precio para alcanzarlos? Recuerda que tú tienes el poder de decidir y de crear tu propio destino. Solo necesitas creer en ti mismo y en tus sueños. Porque, al final del día, serás exactamente lo que decidas ser.

Capítulo 4

Elemento # 3: Fe

¿Qué es la fe? A lo largo de la historia, esta pregunta ha sido meditada, debatida y contestada de innumerables maneras. El apóstol Pablo, en Hebreos 11:1, brindó una perspectiva profundamente espiritual y poderosa al definirla como: "Fe es la certeza de que sucederá lo que se espera, la prueba convincente de que existen realidades que no se ven." {TNM}

Esa "certeza de que sucederá lo que se espera" es lo que nos impulsa a levantarnos cada mañana con renovado entusiasmo, a enfrentar desafíos con determinación y a perseguir nuestros sueños con vigor. Es un recordatorio de que, incluso cuando las circunstancias parecen desfavorables, hay una realidad más grande y un propósito que tal vez no veamos de inmediato, pero que está ahí, esperando ser descubierto.

Esta simple definición encierra en sí misma una profunda sabiduría sobre cómo la fe puede influir y mejorar nuestras vidas, especialmente en las tres dimensiones fundamentales de la felicidad: salud, dinero y amor.

La salud no es solo un estado físico; es un equilibrio entre mente, cuerpo y espíritu. En este equilibrio, la fe juega un papel protagonista, siendo un pilar fundamental para nuestra salud mental, emocional y física. Cuando nos encontramos en los pasillos oscuros de la enfermedad o atravesando tempestades de desafíos de salud, es la fe la que enciende la luz de esperanza en esos corredores y calma las aguas tempestuosas. Nos brinda no solo la valentía para enfrentar lo desconocido, sino también la convicción de que, al final del túnel, hay luz esperándonos.

La fe no es solo una creencia; es una fuerza motriz. Nos impulsa a tomar medidas proactivas para nuestra salud, ya sea buscando tratamientos, adoptando estilos de vida más saludables o simplemente practicando la gratitud diaria. Esta actitud proactiva, arraigada en la fe, a menudo se traduce en un mejor bienestar general.

Además, vivir con la certeza de que algo mejor está en el horizonte actúa como un bálsamo para nuestra salud mental. Reduce la pesada carga del estrés y la ansiedad, aliviando nuestras preocupaciones y permitiéndonos enfocarnos en el presente con una actitud positiva. En un mundo donde la incertidumbre a menudo gobierna, la fe se convierte en nuestra ancla, manteniéndonos firmes y centrados.

Numerosos estudios han corroborado la influencia positiva de la fe en la salud. Las personas con una fe sólida a menudo exhiben una resiliencia impresionante, recuperándose más rápidamente de enfermedades y traumas. Además, su perspectiva general ante la vida es más optimista, lo que se ha vinculado con una variedad de beneficios para la salud, desde una mejor función inmunológica hasta una mayor longevidad.

En resumen, mientras que la medicina y los tratamientos desempeñan un papel crucial en nuestra salud, la fe complementa y potencia sus efectos. Nos ofrece una capa adicional de fortaleza, esperanza y determinación, herramientas esenciales en nuestra búsqueda de una vida saludable y plena.

El dinero, en su esencia, es un medio, un recurso que nos permite acceder a bienes, servicios y experiencias. Sin embargo, la forma en que gestionamos, ganamos y gastamos este recurso está profundamente influenciada por nuestras creencias, actitudes y, sí, nuestra fe. Aunque a primera vista, la fe y las finanzas parecieran mundos aparte, están íntimamente conectadas de formas que a menudo subestimamos.

La fe actúa como una brújula interna que guía nuestras decisiones financieras. Nos da la valentía para adentrarnos en emprendimientos, para invertir en ideas novedosas o para dar ese paso adicional en nuestra carrera profesional, porque creemos en un futuro lleno de posibilidades. La fe en nosotros mismos, en nuestras capacidades y en un propósito más grande, nos motiva a luchar por la seguridad financiera y la prosperidad no solo para nosotros, sino también para nuestros seres queridos.

Además, la fe nos protege de caer en trampas financieras impulsadas por el miedo o la codicia. Cuando confiamos en un propósito y destino mayores, somos menos propensos a tomar decisiones financieras precipitadas o impulsadas por emociones efímeras. En cambio, buscamos la sabiduría, la prudencia y la perspectiva a largo plazo.

También es esencial reconocer que la fe nos impulsa a reconocer el verdadero valor de las cosas. En vez de medir el éxito únicamente en términos monetarios, la fe nos enseña a valorar las riquezas intangibles: relaciones, experiencias, aprendizajes. Esto, a su vez, nos ayuda a gastar y ahorrar de manera más alineada con nuestros valores y aspiraciones verdaderas.

Fe y la Obtención de Aspiraciones Materiales

Hebreos 11:1 como ya hemos definido, nos ofrece una perspectiva inspiradora de la fe al decir, "La certeza de lo que se espera, la prueba convincente de que existen realidades que no se ven". Esta perspectiva, aunque profunda en su esencia espiritual, también puede aplicarse a cómo abordamos nuestras aspiraciones materiales en la vida cotidiana, a saber.

Visión Clara y Certidumbre: La fe, al ser la "certeza de lo que se espera", nos impulsa a tener una visión clara de lo que deseamos. Ya sea una casa, un automóvil, una posición en el trabajo o cualquier otro objetivo material, la fe nos permite visualizarlo con claridad y creer firmemente en la posibilidad de su realización.

Acción Convincente: La segunda parte de la definición, "la prueba convincente de que existen realidades que no se ven", nos recuerda que la fe no es pasiva. Si bien es fundamental creer en lo que no vemos, también es esencial actuar de manera coherente con esa creencia. Por ejemplo, si anhelamos un nuevo trabajo, más allá de simplemente creer que es posible, debemos tomar medidas concretas, como mejorar nuestras habilidades, redactar un CV (curriculum vitae) convincente o prepararnos para entrevistas.

Resistencia ante Obstáculos: La fe nos otorga la resiliencia para enfrentar los obstáculos y desafíos que inevitablemente surgirán en el camino hacia nuestras metas materiales. Saber que hay "realidades que no se ven" nos brinda esperanza y persistencia, incluso cuando las circunstancias actuales parecen desfavorables.

Atracción de Oportunidades: Una actitud de fe puede generar una energía positiva que atraiga oportunidades. Las personas que llevan consigo una actitud de expectativa y confianza a menudo encuentran puertas abiertas donde otros solo ven paredes.

Enfoque en el Largo Plazo: La fe nos enseña a mirar más allá de las circunstancias inmediatas y a enfocarnos en el panorama general. En el contexto de las aspiraciones materiales, esto significa tener paciencia, dar pasos consistentes hacia nuestra meta y no desanimarnos por reveses temporales.

Red de Apoyo: Al tener fe y compartirla, a menudo inspiramos a otros a creer en nuestras visiones y sueños. Esta red de apoyo puede ser instrumental para proporcionar recursos, conexiones y oportunidades que nos acerquen a nuestras metas materiales.

La fe, según se define en hebreos 11:1, no solo es esencial para las aspiraciones espirituales, sino que también juega un papel crucial en cómo perseguimos y alcanzamos nuestros objetivos materiales. Nos proporciona la visión, la determinación y la resiliencia necesarias para convertir esos anhelos en realidades tangibles.

¿Soñar y tener fe, hay alguna diferencia? Ciertamente, son dos conceptos profundamente interconectados pero distintos en su naturaleza y función. Aquí te explico las diferencias clave entre ambos:

Naturaleza de la Experiencia:

Soñar: Soñar es el acto de imaginar, desear o aspirar algo en el futuro. Es un proceso creativo donde visualizamos situaciones, experiencias o logros que deseamos alcanzar. Es el comienzo de toda ambición, donde se formulan los deseos y objetivos.

Fe: La fe es la confianza o certeza en algo, ya sea en uno mismo, en otra persona, en un proceso o en un poder superior. Es la convicción de que lo que esperamos o creemos es cierto o que se manifestará, incluso cuando no hay evidencia visible.

Función:

Soñar: Los sueños nos proporcionan dirección y propósito. Nos dan una visión clara de lo que queremos lograr y pueden actuar como una brújula que nos guía hacia nuestras metas.

Fe: La fe actúa como el motor que impulsa nuestros esfuerzos para alcanzar esos sueños. Es la fuerza que nos mantiene firmes en la búsqueda de nuestros objetivos, especialmente cuando nos enfrentamos a obstáculos o dudas.

Evidencia y Tangibilidad:

Soñar: Los sueños, en su inicio, son intangibles. Son ideales, visiones o metas que aún no se han materializado.

Fe: La fe no requiere evidencia visible, pero se basa en la convicción interna. Es una certeza que viene desde adentro, incluso cuando no hay pruebas tangibles que respalden el sueño o la creencia.

Soñar: Los sueños a menudo surgen de nuestros deseos personales, experiencias pasadas, aspiraciones o incluso de influencias externas.

Fe: La fe puede surgir de experiencias personales, enseñanzas religiosas o espirituales, testimonios de otros, o incluso de momentos de introspección y reflexión.

Soñar: Los sueños pueden evolucionar con el tiempo. A medida que crecemos y cambiamos, nuestros sueños pueden adaptarse, expandirse o incluso cambiar por completo.

Fe: La fe puede fortalecerse con experiencias y testimonios. A menudo, al enfrentar desafíos y superarlos, nuestra fe en nosotros mismos o en un proceso se intensifica.

¿Cuál es la diferencia entre creer y tener fe? Creer y tener fe son conceptos que a menudo se utilizan indistintamente, pero hay sutiles diferencias entre ambos. Acompáñame en este análisis:

Definición Básica:

Creer: Es aceptar algo como verdadero o real sin necesidad de que haya una prueba concreta. Es un acto de confianza basado en lo que se ha aprendido o experimentado, pero no siempre implica una profunda convicción.

Fe: Es una confianza más profunda y arraigada que simplemente creer. La fe implica una conexión más sólida y un compromiso con lo que se cree, incluso en ausencia de pruebas o en contra de evidencias contrarias.

Creer: Es generalmente el primer paso. Por ejemplo, puedes creer en la posibilidad de algo basado en una evidencia o testimonio.

Fe: Es un paso más allá del simple acto de creer. Implica un nivel de certeza y confianza que no se ve fácilmente sacudido por circunstancias externas.

Creer: Puede ser temporal y puede cambiar con la presentación de nueva información o pruebas.

Fe: Aunque no está inmune a la duda, la fe tiende a permanecer firme a pesar de las incertidumbres. Es una elección consciente de confiar en algo más allá de lo que se puede ver o entender completamente.

Creer: Puede ser pasivo. Por ejemplo, puedes creer que hacer ejercicio es beneficioso, pero eso no significa que estés comprometido a hacerlo.

Fe: Impulsa a la acción. Si tienes fe en los beneficios del ejercicio, es probable que te comprometas con una rutina regular.

Creer: A menudo se basa en la lógica, el aprendizaje, la educación, o experiencias pasadas.

Fe: Puede originarse en experiencias personales profundas, convicciones espirituales, o momentos de iluminación y revelación.

Creer: Puede requerir alguna forma de evidencia o racionalización.

Fe: Es la capacidad de confiar sin necesidad de ver, tocar o comprender completamente.

Mientras que "creer" es una aceptación mental o un reconocimiento de algo, "tener fe" es una confianza más profunda, un compromiso del corazón y el alma hacia esa creencia. Es como si creer fuera la chispa inicial, y la fe el fuego que arde con fuerza a partir de esa chispa. Ambos son fundamentales en el viaje humano, pero cada uno tiene su propio peso y profundidad en nuestra experiencia de vida.

El papel crucial de la fe en el amor.

Amor y Fe: Una Danza Eterna: La fe y el amor son como dos bailarines en un vals eterno, cada uno complementando y elevando al otro. La fe juega un papel esencial en las relaciones amorosas, ya que es el pegamento que une las almas y las mantiene conectadas incluso cuando los tiempos se ponen difíciles.

Construyendo Puentes: La fe nos permite construir puentes sobre los abismos de la duda, la inseguridad y el miedo. Nos da la capacidad de confiar en nuestros seres queridos, incluso cuando no entendemos completamente sus acciones o decisiones. Es esa pequeña chispa que nos dice que, aunque esté oscuro ahora, el amanecer está a la vuelta de la esquina.

El Poder Transformador: Más allá de simplemente creer en el amor, la fe nos lleva a entender su verdadero poder transformador. Nos permite ver más allá de las imperfecciones y las fallas, y reconocer la belleza y la luz en nuestros seres queridos. Nos enseña a amar de manera incondicional, sin agendas ocultas o expectativas, y a apreciar el amor en su forma más pura y auténtica.

Amor en Profundidad: Cuando amamos con fe, no nos quedamos en la superficie. Nos sumergimos en las profundidades del corazón y el alma, explorando y experimentando cada matiz y faceta del amor. Esta fe nos abre a experiencias más profundas, significativas y enriquecedoras, permitiéndonos conectarnos en niveles que van más allá de lo físico o superficial.

La Fe como Faro: En la travesía del amor, la fe actúa como un faro, guiándonos a través de las tormentas y las aguas turbulentas, recordándonos que incluso en los momentos más oscuros, el amor sigue brillando con fuerza. Es la fe la que nos recuerda que el amor es paciente, amable y siempre perseverante.

La fe en el amor no es solo una cuestión de creer en el amor, sino de vivirlo, experimentarlo y dejar que nos transforme. Es una elección diaria de ver más allá de lo evidente, de mantenerse firme en medio de las pruebas y de seguir amando con todo el corazón. Porque, al final del día, es la combinación de amor y fe lo que nos da la fuerza para enfrentar cualquier desafío y encontrar la alegría en los momentos más simples. ¡Vamos, anímate a amar con fe y verás cómo tu mundo se transforma!

En nuestra búsqueda incesante de la felicidad, nos encontramos con que la fe no es solo un concepto espiritual, sino una herramienta poderosa para alcanzar nuestros deseos más tangibles y materiales. Imagine por un momento un mundo donde cada decisión que tomamos en cuanto a nuestra salud, nuestras finanzas y nuestras relaciones está respaldada por la confianza inquebrantable de que lograremos lo que deseamos.

Cuando hablamos de salud, no nos referimos solo al bienestar físico, sino también al equilibrio emocional y mental. La fe se convierte en ese aliciente que nos impulsa a levantarnos después de un revés, a creer que un mañana mejor es posible y que nuestro cuerpo y mente tienen la capacidad de superar y adaptarse.

El dinero, por otro lado, no es solo un medio para un fin. Es un reflejo de nuestras decisiones, nuestro valor y nuestra capacidad para perseguir oportunidades con determinación. Aquí, la fe se traduce en la confianza de que somos merecedores de abundancia y que, con esfuerzo y convicción, las recompensas financieras vendrán a nosotros.

Y en el ámbito del amor, la fe nos recuerda que somos dignos de relaciones profundas y significativas. Nos permite amar con libertad, creyendo en el poder transformador de un amor auténtico y en nuestra capacidad para construir vínculos duraderos.

Por lo tanto, si realmente aspiras a ser esa persona 3.14 que "decide ser", es esencial incorporar la fe en tu arsenal. No solo te brindará consuelo en tiempos de incertidumbre, sino que también te equipará con una mentalidad ganadora, dispuesta a conquistar cada aspecto material y emocional de tu vida. Así que, ¿por qué no darle a la fe el lugar que merece en tu camino hacia la felicidad plena?

Capítulo 5

Elemento # 4: Pasión

La pasión, esa fuerza avasalladora que nos consume desde adentro, que nos hace sentir vivos y nos impulsa a alcanzar metas que jamás pensamos posibles. Es esa energía que, cuando se canaliza correctamente, puede transformar vidas, construir imperios y cambiar el mundo. En este capítulo, exploraremos la pasión no solo como una emoción, sino como una necesidad humana esencial para alcanzar la plenitud en todas las dimensiones de la felicidad.

¿Qué es la Pasión y por qué es tan Crucial?

La pasión es ese ardor interno, esa llama que nunca se apaga y que da luz y calidez a nuestras acciones y decisiones. Es un sentimiento que va más allá del simple gusto o interés; es un fuego que nos consume y nos impulsa a actuar, a mover montañas, a superar obstáculos y a alcanzar nuestras metas más ambiciosas.

Definición de pasión: más allá de una emoción. La pasión no se reduce simplemente a una emoción efímera que viene y va. Es una fuerza duradera y constante que reside en lo más profundo de nuestro ser. Mientras las emociones pueden ser pasajeras, la pasión es ese compromiso a largo plazo con algo que realmente resuena en nuestro interior. Es lo que nos levanta por la mañana con energía, lo que nos mantiene despiertos por la noche planificando y soñando. Es ese deseo insaciable de perseguir algo, sin importar los obstáculos o las opiniones de los demás.

La relación entre pasión y propósito. La pasión y el propósito están intrínsecamente ligados. Cuando estamos apasionados por algo, a menudo encontramos un propósito más grande en ello. Esa pasión nos brinda claridad, nos muestra el camino a seguir y nos da una razón para levantarnos cada día. Es esa voz interna que nos dice: "Esto es lo que estoy destinado a hacer". Cuando alineamos nuestra pasión con un propósito, el impacto que podemos tener en el mundo, y en nuestras propias vidas, es inmenso.

El papel de la pasión en la autenticidad personal y en nuestra identidad.
Ser auténtico significa ser fiel a uno mismo, y nuestra pasión es una parte esencial de quiénes somos. Cuando abrazamos y cultivamos nuestra pasión, nos mostramos al mundo tal como somos, sin máscaras ni pretensiones. Nuestra pasión refleja nuestras verdaderas aspiraciones, deseos y valores. Al perseguir lo que nos apasiona, no solo nos encontramos con una mayor satisfacción y realización, sino que también construimos una identidad sólida y auténtica. En un mundo lleno de expectativas y presiones externas, nuestra pasión se convierte en el ancla que nos mantiene centrados y fieles a nosotros mismos.

Descubriendo Tu Pasión

Adentrarnos en el viaje de descubrir nuestra pasión puede ser uno de los recorridos más emocionantes y reveladores de nuestra vida. Es un viaje hacia nuestro interior, un retorno a nuestro verdadero yo, y un redescubrimiento de lo que realmente nos mueve.

La introspección: escuchar tu voz interna. La rutina diaria, el ruido constante y las expectativas externas pueden silenciar nuestra voz interna, esa que nos susurra lo que realmente deseamos y amamos. Dedicar tiempo a la introspección, ya sea meditando, escribiendo un diario o simplemente pasando tiempo a solas en un lugar tranquilo, nos permite sintonizarnos con nosotros mismos. Es en esos momentos de calma y reflexión cuando podemos escuchar claramente esa voz y entender qué es lo que realmente nos apasiona.

Muchas veces, las respuestas sobre nuestras verdaderas pasiones se encuentran en nuestros recuerdos más tempranos. ¿Qué actividades te llenaban de alegría cuando eras niño? ¿Qué soñabas ser cuando crecieras? Regresar a esos días y revivir esos momentos puede desenterrar pasiones que, con el tiempo y las responsabilidades, dejamos de lado. Quizás en tu niñez te encantaba pintar, bailar o explorar la naturaleza. Revisitar esas memorias puede ser la clave para redescubrir lo que realmente amas.

Existen numerosas herramientas y ejercicios diseñados para ayudarte a descubrir o reafirmar tus pasiones. Algunos de estos incluyen pruebas de personalidad y de interés, listas de preguntas reflexivas, o incluso conversaciones guiadas por coaches o terapeutas. Uno de los ejercicios más simples pero efectivos es escribir una lista de las actividades que te hacen perder la noción del tiempo o aquellas en las que te sientes completamente inmerso. Otro ejercicio útil es preguntarte: "Si tuviera todo el tiempo y dinero del mundo, ¿qué haría?"

Las respuestas a estas preguntas pueden ofrecer pistas valiosas sobre tus verdaderas pasiones.

La Pasión y las Tres Dimensiones de la Felicidad.

Pasión y Salud: La Llama Que Nutre el Cuerpo y el Alma

Muchos piensan que la pasión es solo un sentimiento que viene y va, como el paso de una ráfaga de viento. Pero no es así. La pasión es mucho más; es como una llama que, si la cuidas bien, puede iluminar y calentar toda tu vida. Es esa energía especial que nos empuja a ser mejores cada día.

¿Has sentido alguna vez ese fuego interno que te hace saltar de la cama antes de que suene el despertador? Ese empuje que te dice que hay algo más grande esperando por ti, algo que vale la pena. Ese algo es lo que nos lleva a ponernos las zapatillas y salir a correr, o a elegir una comida sana en lugar de algo rápido. Es ese algo que nos anima a probar nuevas actividades que nos ayuden a relajarnos y olvidar las preocupaciones.

Pero lo más impresionante de todo es que, cuando seguimos esa llama interna, algo mágico sucede. Nuestro cuerpo se siente más fuerte y lleno de energía, y nuestra mente se despeja y se siente en paz. Es como si, al dejarnos guiar por lo que nos apasiona, todo en nosotros empezará a funcionar mejor.

Así que, cada vez que sientas esa llama arder dentro de ti, no la ignores. Permítele guiarte y verás cómo tu salud y bienestar mejoran de maneras que nunca imaginaste. Porque, al final del día, es esa pasión la que nos da la fuerza para vivir una vida plena y saludable. ¡Sigue esa llama y descubre todo lo que puede hacer por ti!

Pasión y Dinero: De la Motivación al Éxito Tangible

Es fascinante ver cómo, en el mundo laboral, aquellos que brillan con luz propia son aquellos que han encontrado la manera de unir sus sueños con su realidad. Todos conocemos a alguien que ha logrado hacer de su hobby o su actividad favorita su principal fuente de ingresos. Y no, no es pura suerte. Es el resultado de escuchar ese llamado interno y atreverse a seguirlo.

Cuando trabajas en algo que amas, cada día es una aventura. No ves el reloj esperando que termine el día; al contrario, muchas veces sientes que el tiempo vuela. Cada tarea, cada reto, se convierte en una oportunidad para crecer y aprender. Y aquí está el secreto: cuando te entregas de esa manera, la gente lo nota. Tus jefes, tus clientes, todos ven ese brillo especial en ti.

Y sí, cuando pones tu corazón en lo que haces, las recompensas llegan. Puede que al principio no sea fácil. Habrá días de duda y otros en los que te preguntes si tomaste la decisión correcta. Pero poco a poco, las piezas empiezan a encajar. Las oportunidades aparecen, las puertas se abren y, antes de que te des cuenta, te encuentras escalando posiciones o viendo cómo tu negocio florece.

Porque al final, la pasión es como un imán que atrae todo lo bueno hacia ti. Es esa energía que hace que te destaques, que te esfuerces más y que nunca te rindas. Y es ese esfuerzo y dedicación lo que, al final del día, se traduce en éxito y recompensa. Así que, si sientes esa llamada en tu corazón, no la ignores. Puede ser el camino que te lleve a lograr todos tus sueños profesionales y financieros. ¡Adelante!

Pasión y Amor: El Vínculo Que Fortalece y Profundiza las Relaciones

Todos sabemos lo maravilloso que es sentir amor, ese sentimiento que nos llena de alegría y nos hace sentir completos. Pero cuando le añadimos pasión a esa mezcla, todo cambia. Es como si encendiéramos una llama que ilumina y calienta todo a su paso.

Piensa en dos personas que se aman y descubren juntas el placer de cocinar. Esos momentos en la cocina, donde se ríen, se equivocan y experimentan, son momentos que se graban en el corazón. No es solo preparar comida, es crear algo juntos, es dar y recibir, es compartir. Es como si en cada platillo, en cada sabor, quedará impregnado un pedacito de su amor y de su historia.

O imagina a una pareja que decide aventurarse y viajar por el mundo. Cada ciudad, cada paisaje, se convierte en un testigo de su amor. Cada experiencia, cada desafío, les enseña a confiar más el uno en el otro, a apoyarse y a crecer juntos. No es solo conocer nuevos lugares, es escribir juntos una historia de aventura y amor.

Cuando compartimos una pasión con la persona que amamos, creamos un mundo solo para los dos. Es un espacio donde podemos ser nosotros mismos, donde las palabras sobran porque con una mirada lo decimos todo. Esa pasión se convierte en el puente que nos conecta, que nos hace sentir que, sin importar lo que pase fuera, siempre tendremos un lugar especial al que volver.

Porque al final, más allá de los momentos y las experiencias, lo que realmente importa es ese lazo invisible que se forma entre dos personas que se aman y comparten una pasión. Ese lazo que, con el tiempo, se hace más fuerte y profundo, llevando la relación a lugares que nunca imaginaron.

Decimos entonces que la pasión es esa fuerza vital que, al ser integrada en las diferentes áreas de nuestra vida, tiene el potencial de elevar nuestra experiencia diaria, enriqueciendo nuestra salud, prosperidad y relaciones. Cuando permitimos que nuestra pasión fluya libremente, no solo alcanzamos una vida más plena, sino que también tocamos las vidas de quienes nos rodean con nuestra energía y entusiasmo.

Pero ¿qué sucede cuando esa llama que nos impulsa a diario empieza a apagarse? ¿Qué factores influyen en que perdamos esa pasión?

La Rutina: Uno de los mayores asesinos de la pasión es la monotonía. Hacer lo mismo día tras día, sin variaciones ni desafíos, puede hacer que perdamos interés y entusiasmo en lo que hacemos.

Miedo al fracaso: Muchas veces, el temor a equivocarnos o a no estar a la altura de las expectativas puede paralizarnos. Este miedo nos impide avanzar y explorar nuevas posibilidades.

Falta de Reconocimiento: Todos necesitamos sentir que nuestro trabajo y esfuerzo son valorados. Cuando sentimos que no se nos reconoce o se nos toma por sentado, puede ser desmotivador.

Desgaste Emocional: Los conflictos personales o profesionales, la presión constante o el estrés pueden generar un desgaste que disminuye nuestra energía y pasión.

Falta de objetivos claros: Si no sabemos hacia dónde vamos o qué queremos lograr, es fácil perder el rumbo. Tener objetivos claros nos da una dirección y un propósito.

Compararnos con Otros: En esta era de redes sociales, es fácil caer en la trampa de comparar nuestros logros con los de los demás. Esto puede llevarnos a sentirnos insuficientes o que no estamos haciendo lo suficiente.

Pero aquí viene la buena noticia: ¡La pasión se puede recuperar! Si en algún momento sientes que esa llama se apaga, busca cambiar tu rutina, rodéate de personas positivas, establece metas claras y, sobre todo, recuerda porqué empezaste en primer lugar. La pasión no es solo un sentimiento, es una elección. Cada día, decide despertar con entusiasmo y ganas de dar lo mejor de ti. ¡No dejes que nada ni nadie apague tu llama! ¡Sigue adelante con pasión y determinación!

El consejo para aumentar tu pasión y "Ser lo que decidas Ser", te lo desgloso de la siguiente manera:

Rompe la Rutina: Si todos los días haces lo mismo, ¡cambia un poco! Puede ser algo tan sencillo como tomar una ruta diferente al trabajo o probar una nueva receta para cenar.

Desafíate a Ti Mismo: Haz algo que te saque de tu zona de confort. Puede ser un nuevo hobby o aprender algo nuevo. Descubre tus talentos ocultos ¡Atrévete!

Rodéate de Gente Positiva: Las personas con buena vibra te motivarán y te ayudarán a ver las cosas desde otra perspectiva. ¡Busca a esas personas!

Pequeñas Celebraciones: Cada vez que logres algo, por pequeño que sea, celébralo. Puede ser con un postre especial o una tarde libre para ti.

Ponte Metas Claras: Escribe lo que quieres lograr y ponlo en un lugar donde lo veas todos los días. Esto te recordará hacia dónde vas.

Haz una pausa: Si sientes que todo se está volviendo demasiado, tómate un tiempo para ti. Puede ser un día de campo o simplemente una tarde escuchando música.

Deja de Compararte: Recuerda que cada persona tiene su propio camino. No mires lo que hacen los demás, enfócate en lo tuyo.

Habla, Exprésate: Si sientes que algo no va bien, busca a alguien de confianza y habla. A veces, solo necesitamos desahogarnos para ver las cosas más claras.

Y, por último, y lo más importante, recuerda siempre por qué empezaste. Esa razón te dará la fuerza para seguir adelante, incluso en los momentos difíciles.

¡Así que ya sabes! No importa los obstáculos, tú eres capaz

de mantener esa pasión viva. ¡Decide ser lo que quieras ser y ve a por ello con todo! ¡Eres una persona 3!14, única e irrepetible! ¡Adelante!

En resumen ¿Por qué es importante encontrar una pasión?

Cuando hacemos lo que nos apasiona, el trabajo no se siente como una carga. Nos sentimos realizados y satisfechos y cada día se convierte en una nueva oportunidad para mejorar y crecer.

La pasión actúa como un motor que nos impulsa, incluso en los días más difíciles. Nos da el empujón necesario para superar obstáculos y seguir adelante.

Estar involucrado en algo que nos apasiona puede mejorar nuestro bienestar mental. Nos proporciona un propósito y un sentido de dirección, reduciendo los sentimientos de estrés o ansiedad.

La pasión puede ser la chispa que encienda un negocio o carrera exitosa. Cuando amamos lo que hacemos, nos dedicamos al 100%, y esa dedicación se nota. La gente gravita hacia aquellos que muestran entusiasmo y pasión genuina por lo que hacen.

Cada uno de nosotros tiene una pasión, algo que nos hace brillar. La clave está en encontrarla, cultivarla y, si se nos presenta la oportunidad, transformarla en algo más grande que nosotros mismos. ¡Atrévete a seguir tu pasión!

Capítulo 6

Elemento # 5: Punto de partida

Todos venimos de diferentes caminos y todos tenemos una historia única que contar. Al embarcarnos en la búsqueda de riqueza, abundancia y éxito, en cualquiera de las tres dimensiones de la felicidad, es crucial reconocer y aceptar nuestro punto de partida. No todos empezamos desde el mismo lugar, y lo que puede ser un pequeño paso para uno, puede ser un gran salto para otro.

Autoconocimiento:

El viaje hacia el éxito y la riqueza no es solo una cuestión de estrategia o de trabajar duro, comienza desde adentro. Es una travesía que inicia con un profundo entendimiento de quién eres.

Antes de lanzarte a cualquier aventura, es fundamental hacer una pausa. No es una pausa de inacción, sino una pausa reflexiva, un momento para mirarte en el espejo y realmente verte. Pregúntate: ¿De dónde vengo? Esta pregunta te permite conectar con tus raíces, con las experiencias que han moldeado tu perspectiva y tus valores.

Luego, es vital identificar tus fortalezas. Aquellas habilidades y talentos que te hacen destacar, que te dan confianza en ti mismo. Puede que seas un excelente comunicador, que tengas un don para los números o que seas una fuente inagotable de creatividad. Estas fortalezas serán tus aliadas, las herramientas que utilizarás constantemente en tu camino.

Por supuesto, también es necesario reconocer tus debilidades. No para limitarte, sino para saber en qué áreas puedes mejorar o en qué aspectos podrías necesitar ayuda. Todos tenemos áreas de oportunidad, y el autoconocimiento nos permite enfrentarlas sin miedo.

Conocer tus propios límites no significa que te estés poniendo barreras; al contrario, es entender hasta dónde puedes llegar hoy para, con esfuerzo y dedicación, expandir esos límites mañana. Del mismo modo, ser consciente de tus capacidades te dará la confianza para asumir retos con determinación, sabiendo que cuentas con las herramientas internas para avanzar de manera efectiva.

El autoconocimiento es la brújula que guiará tus pasos, permitiéndote navegar con certeza incluso en los mares más tempestuosos. Es la base sobre la cual construirás tu camino hacia el éxito.

No te compares.

Vivimos en un mundo donde las redes sociales nos bombardean constantemente con imágenes de éxito, felicidad y perfección. Las vacaciones soñadas, los trabajos ideales y las vidas aparentemente perfectas de otros pueden hacer que nos sintamos como si estuviéramos quedando atrás o como si no estuviéramos a la altura. Pero es crucial entender algo: cada persona tiene su propio ritmo, sus propios desafíos y su propia historia.

Es fácil caer en la trampa de compararte con los demás,

especialmente en la era digital donde las vidas de todos parecen estar en exhibición. Sin embargo, la verdad es que esas imágenes y momentos que ves, esas historias de éxito y esas sonrisas radiantes, son solo una fracción de la realidad. Detrás de cada foto o publicación, hay luchas, errores, dudas y desafíos que no se muestran.

En lugar de dejarte atrapar por esta espiral de comparación, da un paso atrás y recuerda tus propias metas, tus propios sueños. Enfócate en tu propio camino, en tus propias decisiones. Cada paso que das, cada pequeño logro, cada obstáculo superado, es motivo de celebración. No necesitas hacer grandes cosas para sentirte realizado, a veces, las victorias más significativas son esas que suceden en silencio, lejos de los ojos del mundo.

La vida no es una carrera contra los demás, sino una jornada personal de crecimiento y aprendizaje. En lugar de mirar a tu alrededor y sentirte menos, mira hacia adentro y reconoce todo lo que has logrado hasta ahora. Valora tus experiencias, aprende de tus errores y, lo más importante, celebra tus logros, por pequeños que sean. Al final del día, tu viaje es único, y las comparaciones solo desvían tu atención de lo verdaderamente importante: tu propio crecimiento y felicidad.

Establece metas alcanzables.

Imagina que estás al pie de una montaña gigante, mirando hacia la cima. Es imponente, majestuosa, y quizás, desde donde te encuentras, hasta parece inalcanzable. Pero cada montañero sabe que la cumbre no se alcanza con un solo salto, sino con miles de pasos deliberados y decididos.

Reconocer tu punto de partida es como pararte en la base de esa montaña. Es saber dónde están tus pies en este preciso momento. Aunque el objetivo es llegar a la cumbre, es esencial establecer campamentos base en el camino, esas metas que te permiten descansar, reevaluar y seguir adelante con energía renovada.

Trazar metas que se alineen con tu situación actual es similar a planificar tu ascenso a la montaña. Puede que quieras llegar a la cima lo más rápido posible, pero es vital garantizar que tienes el equipo adecuado, que estás en buena forma física y que conoces la ruta. Estos son tus objetivos a corto plazo: metas más pequeñas y específicas que te preparan para el desafío mayor.

Esto no significa que no debas soñar en grande. Al contrario, tener una visión a largo plazo es lo que te da dirección y propósito. Pero entre el punto A y el punto B hay una serie de pasos intermedios. Y es aquí donde las metas alcanzables entran en juego. Estas metas son tus puntos de referencia, los momentos en los que puedes parar, celebrar tus logros y prepararte para el siguiente tramo del viaje.

Al establecer objetivos a corto plazo, te das la oportunidad de celebrar victorias con más frecuencia. Cada logro, por pequeño que sea, es una confirmación de que estás en el camino correcto y que tienes lo que se necesita para seguir adelante. Además, en esos momentos en los que el camino se torna difícil, o la cumbre parece demasiado lejana, puedes mirar atrás y ver cuánto has avanzado, dándote el ánimo necesario para continuar.

Soñar en grande te da la dirección, pero son las metas alcanzables las que te brindan el mapa para llegar allí. Es un equilibrio entre aspiración y acción, entre visión y ejecución. Y recordando siempre que cada paso, cada pequeño logro, te acerca más y más a ese gran sueño que albergas en tu corazón.

Busca apoyo.

Navegar por la travesía hacia el éxito es como adentrarse en un vasto océano. Puede ser emocionante, pero también desafiante e impredecible. A veces, las aguas son tranquilas y claras, y otras veces enfrentamos tormentas y olas agitadas. Pero, independientemente de las condiciones, una cosa es cierta: es más fácil y seguro navegar cuando tienes una tripulación a tu lado.

Rodearte de personas que entiendan de dónde vienes, tus sueños y aspiraciones, no solo hace que el viaje sea más llevadero, sino que también enriquece la experiencia. Piensa en ellos como los compañeros de tu tripulación. Cada uno trae consigo habilidades y perspectivas únicas que pueden ayudarte a sortear obstáculos, a encontrar nuevos horizontes o, simplemente, a mantenerte firme cuando las cosas se pongan difíciles.

Estas personas pueden ser amigos, familiares, mentores, colegas, o incluso personas que hayas conocido a lo largo del camino y que comparten objetivos similares. Ellos son aquellos que te alientan cuando dudas de ti mismo, que celebran tus logros como si fueran propios y que te ofrecen una mano amiga o un consejo valioso cuando lo necesitas.

Además, al buscar apoyo, también te estás dando la oportunidad de aprender de las experiencias de otros. Cada persona con la que te conectas trae consigo un cúmulo de vivencias, errores, lecciones y triunfos que pueden ofrecerte una perspectiva diferente o incluso abrirte puertas que no sabías que existían.

Pero, así como es importante rodearte de personas que te apoyen, también es vital reconocer cuándo necesitas esa ayuda. No hay vergüenza en admitir que no tienes todas las respuestas o que, en ocasiones, te sientes abrumado. Pedir consejo o asistencia no es señal de debilidad; al contrario, muestra que eres lo suficientemente humilde y sabio para reconocer que, juntos, podemos lograr mucho más de lo que podríamos lograr por separado.

Recuerda que el apoyo es bidireccional. Así como te beneficias de la ayuda y aliento de otros, también tienes la oportunidad de ser esa fuente de inspiración y apoyo para alguien más. El viaje hacia el éxito es más gratificante cuando lo compartes, cuando puedes mirar a tu lado y ver a aquellos que han estado contigo en cada paso del camino, celebrando juntos cada logro y superando juntos cada desafío.

En la danza intrincada de la vida, nos movemos al ritmo de nuestras propias melodías. Pero a veces, las distracciones y ruidos del exterior pueden opacar nuestra canción interna. En este momento, detente y escucha, no solo con tus oídos, sino con tu alma. ¿Qué es lo que realmente deseas? ¿Salud, dinero, amor? O quizás, una combinación de los tres.

Cada uno tiene un punto de partida único. Mira hacia atrás y reflexiona sobre tu trayectoria. Celebra tus victorias, aprende de tus desafíos y comprende que cada paso que has dado te ha llevado exactamente al lugar donde te encuentras ahora.

Ahora piensa en salud, dinero y amor como los tres pilares que sostienen tu edificio de felicidad. La salud te da el vigor para perseguir tus sueños. El dinero, usado sabiamente, puede proporcionarte las herramientas para alcanzarlos. Y el amor, ese motor poderoso, te da el propósito y la pasión para seguir adelante, incluso cuando las cosas se pongan difíciles.

Tener el autoconocimiento para entender dónde te encuentras, el valor para no compararte con los demás, la visión para establecer metas alineadas con tus verdaderos deseos, y la sabiduría para buscar apoyo cuando lo necesites, son las claves para convertirte en esa persona 3.14, una persona completa que decide ser lo que desea ser.

Así que aquí está el desafío para ti: Decide ser la mejor versión de ti mismo en cada una de esas tres dimensiones. Decide ser una persona 3.14. No solo serás una suma de partes, sino un todo coherente y armónico. Es hora de que tomes las riendas, enfrentes tu realidad y digas con convicción: "Yo seré lo que decida ser". Porque, al final del día, tu felicidad es una elección y solo tú tienes el poder de decidir en qué dimensiones resonará. ¡Adelante!

Capítulo 7

Elemento # 6: Estrategia

La vida no se trata solo de entender tu punto de partida o de visualizar tus metas; se trata también de diseñar y ejecutar una estrategia que te lleve de donde estás a donde quieres estar. El ser una persona 3.14 es un compromiso con uno mismo para alcanzar la plenitud en salud, dinero y amor. Pero ¿cómo trazamos el camino?

El poder transformador de nuestras creencias.

Cada uno de nosotros porta un mosaico único de creencias, tejido con las hiladas de experiencias, enseñanzas y vivencias que hemos coleccionado desde nuestra infancia. Estas creencias moldean la forma en que percibimos el mundo, actuando como lentes a través de los cuales vemos la realidad. Sin embargo, no todos estos lentes nos ofrecen una vista clara y favorecedora. Algunos, de hecho, pueden distorsionar y oscurecer lo que vemos, limitando nuestra capacidad para avanzar y prosperar.

Por otro lado, hay creencias que actúan como un viento en nuestras velas, impulsándonos hacia horizontes más amplios y potenciando nuestras capacidades. Estas son las creencias que reconocen nuestra valía, que entienden que somos seres en constante crecimiento y que siempre hay espacio para aprender y mejorar.

Por ello, es fundamental hacer una introspección y distinguir entre estas dos clases de creencias. Pregúntate: ¿Esta creencia me está sirviendo o me está frenando? Si alguna vez te has dicho a ti mismo "nunca seré bueno en los negocios", detente un momento y reflexiona sobre esa afirmación. ¿Es realmente cierto? ¿O es una creencia limitante que has adoptado por miedos pasados o experiencias negativas?

Desafiar y transformar esas creencias limitantes puede abrir puertas que ni siquiera sabías que estaban cerradas. En lugar de aferrarte a la idea de que no eres apto para los negocios, considera un nuevo enfoque: "Tengo el potencial para aprender, adaptarme y prosperar en cualquier ámbito que elija, y con el esfuerzo y dedicación adecuados, puedo alcanzar el éxito en cualquier empresa que decida emprender".

Al final del día, las creencias son solo eso: pensamientos que hemos aceptado como verdades. Pero, con conciencia y determinación, podemos elegir las creencias que nos elevan y nos ayudan a construir la vida que realmente deseamos.

Visualización y modelado.

¿Qué pasaría si pudiéramos trazar un mapa hacia nuestra versión ideal, hacia esa persona 3.14 que anhelamos ser? Aquí entra en juego la herramienta de la visualización.

Tómate un momento y cierra los ojos. Imagina con todo detalle esa versión superior de ti mismo. ¿Cómo es su día a día? ¿Qué emociones la embargan al despertar? ¿Cómo maneja los desafíos? ¿Qué decisiones toma? Siente cómo esa versión se mueve por el mundo, cómo interacciona con otros, cómo se siente al alcanzar sus metas. Al visualizar con claridad y emoción, estás creando una brújula interna que te guiará en tu viaje hacia esa realidad.

Sin embargo, la visualización por sí sola no es suficiente. Necesitas un plan, un conjunto de herramientas y estrategias para llegar allí. Y, ¿qué mejor manera de equiparte que aprendiendo de aquellos que ya han recorrido el camino? Encuentra tus modelos a seguir, aquellos que han alcanzado esos niveles de salud, riqueza y amor que tú aspiras tener. Sumérgete en sus historias, descubre cómo enfrentaron adversidades, qué elecciones hicieron y qué hábitos incorporaron en sus vidas.

Pero no se trata simplemente de copiar sus acciones. Es esencial adaptar lo que aprendes a tu propio contexto y realidad. Toma lo mejor de sus experiencias y moldéalo para que se ajuste a tu viaje personal. Al combinar la claridad de la visualización con el aprendizaje práctico de aquellos que han triunfado, te estás preparando no solo para seguir un camino, sino para forjar el tuyo propio hacia esa anhelada versión 3.14 de ti mismo.

El camino hacia nuestra mejor versión está pavimentado con las piedras de la visualización y las herramientas del aprendizaje. Al igual que un navegante utiliza estrellas para guiar su travesía, nosotros podemos utilizar la visualización como nuestro faro, iluminando el camino hacia nuestra versión 3.14. Pero ¿cómo traducimos esa visualización en acciones concretas? Aquí es donde las características esenciales del modelado, inspiradas en la técnica de programación, entran en juego:

Rapport: Establecer una relación de empatía y conexión con las personas que deseamos modelar. Al conectarnos genuinamente con ellas, podemos entender de manera más profunda sus motivaciones, emociones y comportamientos.

Calibración: Ser observadores atentos de las señales no verbales y verbales. Esta capacidad nos permite detectar cambios sutiles en las respuestas y ajustar nuestra comunicación y acciones según sea necesario.

Flexibilidad de comportamiento: La capacidad de adaptar y modificar nuestras acciones y comportamientos basándonos en la retroalimentación que recibimos. En lugar de quedarnos atrapados en un solo enfoque, podemos pivotar y adaptarnos según lo que la situación requiera.

Estado deseado: Tener claridad sobre qué es lo que realmente queremos lograr. Al mantener una visión clara de nuestro estado deseado, podemos trazar un camino directo hacia él, evitando distracciones.

Estrategias eficaces: Identificar y replicar las estrategias mentales y comportamentales que las personas exitosas utilizan para lograr sus objetivos. Al aprender y adoptar estas estrategias, aceleramos nuestro progreso hacia nuestra versión ideal.

Al combinar la herramienta de la visualización con estas características esenciales del modelado, traza un mapa hacia tu destino deseado, y te dotes de las herramientas y habilidades necesarias para navegar cualquier tormenta que pueda surgir en tu travesía hacia tu versión 3.14.

Comunicación Efectiva: El Puente entre Pensamientos y Relaciones.

En cada interacción, en cada pensamiento, reside una oportunidad para construir puentes, para cerrar brechas, para fortalecer lazos. La comunicación efectiva es ese arte que nos permite movernos a través de estas oportunidades con gracia y precisión. Pero ¿cómo lograrlo?

Primero, es fundamental aprender a dialogar con uno mismo. Antes de comunicarnos con el mundo exterior, es esencial sintonizar con nuestro mundo interior. Escucharnos, reconocer nuestras emociones, nuestras necesidades y deseos, es el primer paso para establecer una comunicación genuina con los demás. Es como prepararse para un concierto; si no afinas tu instrumento primero, por más que toques, el sonido nunca será armonioso.

Una vez que hayamos establecido ese diálogo interno, es momento de abrir el canal de comunicación con el mundo exterior. Aquí es donde herramientas como la empatía, asertividad y la escucha activa juegan un papel crucial:

Empatía: Es la capacidad de ponernos en los zapatos de los demás, de entender sus sentimientos y perspectivas. No se trata solo de escuchar palabras, sino de sentir las emociones detrás de esas palabras.

Asertividad: Es la habilidad de expresar nuestros pensamientos, sentimientos y necesidades de manera clara y respetuosa, sin vulnerar los derechos de los demás.

Escucha activa: Va más allá de escuchar palabras. Se trata de estar totalmente presente, de recibir, procesar y responder de manera atenta y consciente a lo que la otra persona está compartiendo.

La calidad de nuestra vida está íntimamente ligada a la calidad de nuestras relaciones, y esas relaciones se forjan y fortalecen a través de la comunicación efectiva. En el gran teatro de la vida, si aprendemos a comunicarnos con autenticidad y habilidad, no solo seremos espectadores, sino actores principales en esta hermosa obra que es vivir y relacionarnos. ¡Toma la batuta y dirige la sinfonía de tu vida con la maestría de una comunicación efectiva!

Establece rutinas poderosas.

No es el gran salto ocasional lo que nos lleva a la grandeza, sino los pasos constantes y determinados que damos día tras día. En este contexto, las rutinas se convierten en nuestros aliados más preciados, en las herramientas que esculpen nuestro destino.

Piensa en tus objetivos como montañas que deseas conquistar. Cada montaña, ya sea en salud, dinero o amor, requiere una preparación y equipamiento específico. La clave está en diseñar y seguir rutinas que actúen como tu equipo de alpinismo, que te equipen y te den la resistencia necesaria para cada ascenso.

Si la montaña que deseas conquistar es la de la salud, entonces tus rutinas deben reflejar ese compromiso. Incorpora a tu día a día actividades físicas que disfrutes, ya sea una caminata al aire libre, una clase de yoga o un entrenamiento más intenso. Pero no te detengas ahí.

Acompaña esos movimientos con una alimentación consciente y equilibrada. Dale a tu cuerpo los nutrientes que necesita para ser tu vehículo confiable en esta aventura llamada vida.

Ahora, si tu mirada está puesta en la cima de la prosperidad financiera, entonces tus hábitos diarios deben estar alineados con esa visión. Adquiere el hábito de ahorrar, aunque sea un pequeño porcentaje de tus ingresos. Busca constantemente educarte en temas financieros, invierte en conocimientos que te permitan tomar decisiones informadas. Haz que tu dinero trabaje para ti, no al revés.

Y en el delicado y profundo terreno del amor, la rutina se convierte en el puente que conecta los corazones. No importa cuán ocupado estés, siempre encuentra momentos para dedicar a tus seres queridos. Se trata de calidad, no necesariamente de cantidad. Unas pocas horas de conexión genuina pueden valer más que días de coexistencia pasiva.

Recuerda que cada día es una oportunidad, una página en blanco. Con las rutinas adecuadas, puedes escribir una historia que no solo te haga sentir orgulloso, sino que inspire a otros a emprender su propio viaje hacia la grandeza. ¡Haz que cada día cuente!

Flexibilidad ante los cambios.

En una era donde el cambio es la única constante, la adaptabilidad se convierte en una habilidad esencial. Las circunstancias cambiantes presentan nuevos desafíos que requieren soluciones innovadoras. Aquellos que se aferran a métodos antiguos o se resisten al cambio a menudo se encuentran estancados, enfrentando repetidamente los mismos obstáculos. Por otro lado, quienes abordan los problemas con una mente abierta y flexible, dispuestos a aprender y adaptarse, a menudo descubren soluciones más efectivas y vías de acción previamente insospechadas. Esta capacidad para adaptarse no solo es esencial para superar desafíos, sino también para aprovechar nuevas oportunidades que emergen en un entorno en constante evolución. De hecho, la capacidad de adaptarse es esencial en diversos ámbitos y contribuye directamente a la formulación de estrategias y al desarrollo personal hacia una "persona 3.14". Algunos ejemplos incluyen:

Tecnología: En un mundo donde la tecnología avanza a pasos agigantados, adaptarse nos permite integrar nuevas herramientas en nuestra vida cotidiana y laboral. Esto nos da ventaja competitiva y facilita la implementación de estrategias más eficientes. A nivel personal, nos permite estar a la vanguardia y potenciar nuestras capacidades.

Mercado laboral: La demanda de habilidades cambia constantemente. Adaptarnos nos ayuda a identificar y aprender esas habilidades emergentes, permitiéndonos diseñar estrategias de carrera más efectivas y posicionar nuestra marca personal en el mercado.

Economía: La adaptabilidad en el ámbito económico nos permite identificar tendencias, lo cual es esencial para establecer estrategias de inversión o de negocio. A nivel personal, nos ayuda a garantizar estabilidad y crecimiento financiero.

Relaciones interpersonales: Adaptarnos a las distintas

personalidades y culturas nos permite establecer relaciones más profundas y significativas. Esto es vital para la estrategia en ambientes laborales y sociales, y contribuye a una vida enriquecida y plena.

Salud y bienestar: La adaptabilidad nos permite integrar nuevos hábitos saludables según las investigaciones emergentes. Esto repercute en una estrategia de vida más saludable y en una mejor calidad de vida.

Educación: La adaptabilidad nos empuja a abrazar nuevos métodos de aprendizaje, lo que nos permite adquirir conocimientos de forma más eficaz y actualizada. Esto se traduce en una estrategia de crecimiento y desarrollo personal constante.

Al establecer estrategias en estos ámbitos, no solo nos preparamos para enfrentar desafíos, sino que también nos posicionamos para aprovechar oportunidades. Y, al convertirnos en personas más adaptativas y estratégicas, nos acercamos a esa versión ideal de "persona 3.14", una versión completa y en constante evolución de nosotros mismos. Esta adaptabilidad es el corazón de ser 3.14, pues se trata de reconocer la naturaleza cambiante de la vida y movernos con ella de manera proactiva.

Celebración y gratitud.

Celebrar tus logros y practicar la gratitud son acciones que van más allá de simples rituales cotidianos. Son prácticas que tienen el poder de transformar tu perspectiva de la vida y, por ende, tu realidad.

Al detenerte a reconocer tus logros, ya sean grandes o pequeños, estás validando tu esfuerzo y dedicación. Esta validación actúa como un recordatorio de que eres capaz, de que tienes el poder de hacer cambios y progresar. Cada celebración se convierte en un refuerzo para continuar esforzándote y luchando por tus metas. Además, la celebración genera una sensación de bienestar y satisfacción que nos motiva a seguir adelante, a perseguir metas más grandes y a continuar trabajando por nuestros sueños.

Por su parte, la gratitud se convierte en una lente poderosa a través de la cual vemos el mundo. En lugar de centrarnos en lo que falta o en lo que aún no hemos logrado, nos enfocamos en la riqueza de lo que ya poseemos y en las bendiciones diarias. Esta perspectiva nos ayuda a ver el vaso medio lleno en lugar de medio vacío, generando una mentalidad de abundancia que atrae aún más abundancia a nuestra vida.

Ahora, ¿por qué estas prácticas son esenciales para alcanzar abundancia, riqueza y éxito en las tres dimensiones de la felicidad a saber: salud, dinero y amor?

Salud: Al celebrar cada pequeño logro en tu camino hacia una vida más saludable, como un día de ejercicio o una semana de dieta balanceada, te motivas a continuar con hábitos saludables. La gratitud, por otro lado, te permite apreciar tu cuerpo y salud actuales, fortaleciendo tu compromiso con su cuidado.

Dinero: Celebrar tus logros financieros, como ahorrar una cantidad determinada o pagar una deuda, fortalece tu confianza en tu capacidad para manejar y multiplicar tu dinero. La gratitud te permite valorar lo que ya tienes, reduciendo la necesidad de gastos impulsivos y fomentando hábitos financieros sólidos.

Amor: Al celebrar momentos especiales y logros compartidos, fortaleces los lazos con tus seres queridos. La gratitud, al apreciar los momentos y personas presentes en tu vida, crea una atmósfera de amor y aceptación, fomentando relaciones más profundas y significativas.

Celebrar y ser agradecido no son solo actos de cortesía o positividad. Son estrategias fundamentales que nos guían hacia una vida de abundancia en todas sus dimensiones. Al adoptar estas prácticas, no solo nos sentimos mejor con nosotros mismos, sino que también nos posicionamos en el camino correcto hacia el éxito en salud, dinero y amor.

Nosotros, como seres humanos, somos la suma de nuestras creencias, acciones y hábitos. Si bien el camino hacia la autorrealización y el éxito puede parecer sinuoso y, en ocasiones, desalentador, hay herramientas y estrategias que, si se adoptan y practican con constancia, pueden moldear nuestra realidad de maneras inimaginables.

Comenzamos por comprender el poder de nuestras creencias. Aquellas ideas arraigadas en nosotros que dictan lo que creemos posible. Al desafiar y transformar aquellas que nos limitan, abrimos puertas a universos de posibilidades. Cada creencia redefinida es como un ladrillo que se coloca en el camino hacia nuestros objetivos.

Luego, exploramos el arte de la visualización y el modelado. Al pintar una imagen clara de quiénes queremos ser, y al inspirarnos en aquellos que han trazado rutas similares, no solo establecemos una dirección, sino que encendemos una brújula interna que nos guía incluso en los días más oscuros.

La comunicación efectiva, tanto con nosotros mismos como con el mundo exterior, es el pegamento que une todo. Es el medio a través del cual comprendemos, aprendemos y evolucionamos. Al comunicarnos con asertividad y empatía, construimos puentes y fortalecemos relaciones, lo que a su vez potencia nuestra capacidad de crecer y prosperar.

Establecer rutinas poderosas se convierte en el motor diario de nuestro progreso. Son las pequeñas acciones repetidas día tras día las que, con el tiempo, producen resultados monumentales. Es la disciplina en salud, las decisiones financieras prudentes y el tiempo invertido en amar y ser amado lo que sienta las bases para una vida plena.

La flexibilidad ante los cambios, junto con la celebración y la gratitud, se convierten en nuestros aliados más valiosos. Nos enseñan que cada desafío es una oportunidad, que cada logro merece ser celebrado y que, en cada momento, hay algo por lo que estar agradecidos.

Ahora, mientras te preparas para cerrar este capítulo y continuar tu viaje, recuerda que la verdadera magia no está en las estrategias en sí, sino en cómo las adaptas y las haces tuyas. Estás equipado con un arsenal de herramientas y conocimientos. El siguiente paso es tomar determinación, sabiendo que estás en el camino correcto para convertirte en esa persona 3.14 que aspiras ser. La grandeza te espera, y este es solo el comienzo. ¡Adelante!

Capítulo 8

Elemento # 7 Obstáculos

A medida que avanzamos en nuestra travesía hacia la abundancia, riqueza y el éxito, es fundamental entender que el camino no siempre será despejado. De hecho, como con cualquier gran aventura, habrá momentos en que nos enfrentaremos a obstáculos que parecerán insuperables. Pero recuerda, estos desafíos no están allí para detenerte, sino para hacerte más fuerte, más sabio y resiliente.

Obstáculos comunes en el camino:

Miedo al Fracaso: Una Sombra que Acecha Nuestros Sueños

Es curioso cómo, desde pequeños, se nos inculca el deseo de sobresalir, de ser los mejores, de alcanzar la cima. Sin embargo, en esa escalada, muchas veces olvidamos que caer es parte del proceso. Ahí es donde el miedo al fracaso se convierte en nuestro compañero indeseado, siempre al acecho, listo para hacernos dudar en cada paso que damos.

Este temor, que a menudo es el mayor enemigo de los soñadores y visionarios, se arraiga profundamente en nuestras mentes y corazones. A veces, no es el miedo a errar en sí, sino el miedo a lo que vendrá después: el juicio, la decepción, la posible pérdida de tiempo, energía y recursos. En muchos casos, nos aterra pensar que los demás nos vean fallar, que piensen que no somos lo suficientemente buenos o que nos equivocamos al perseguir un sueño particular.

Este paralizante temor puede hacer que evitemos riesgos, que elijamos caminos más seguros o, peor aún, que renunciemos a nuestros sueños por completo. Sin embargo, al hacerlo, estamos olvidando una verdad fundamental: el fracaso es, muchas veces, el preludio del éxito.

¿Y si pudiéramos ver el fracaso no como un final catastrófico, sino como una lección disfrazada? ¿Y si cada error, cada tropiezo, fuera simplemente una señal que nos indica qué no hacer la próxima vez? Si observamos a las personas más exitosas, notaremos que todas han fracasado en algún punto, pero lo que las distingue es su capacidad para aprender de esos fracasos y seguir adelante con más determinación y sabiduría.

Es vital que cambiemos nuestra perspectiva sobre el fracaso. En lugar de temerlo, debemos abrazarlo, estudiarlo y aprender de él. Porque, al final del día, no es el número de veces que caemos lo que nos define, sino la cantidad de veces que nos levantamos con renovada pasión y propósito. ¡Así que enfrenta ese miedo y recuerda que, detrás de cada fracaso, hay una lección esperando ser descubierta!

La Autoconfianza: El Combustible de Nuestro Viaje

La vida está llena de caminos desconocidos y retos inesperados. En cada encrucijada, la brújula que nos guía es la autoconfianza. No obstante, enfrentamos un problema: no todos sentimos que la tenemos en abundancia. De hecho, la falta de autoconfianza es un obstáculo que ha frenado a muchos de nosotros, haciéndonos cuestionar nuestro valor y nuestras habilidades.

Es normal sentirnos inseguros de vez en cuando, especialmente cuando nos adentramos en terrenos desconocidos. Nos preguntamos: "¿Seré capaz?", "¿Qué sucederá si me equivoco?", "¿Y si no estoy a la altura?". Estas dudas, aunque humanas, pueden convertirse en pesadas cadenas que nos impiden avanzar si les permitimos tomar el control.

Pero aquí hay una revelación: la autoconfianza no es un regalo innato que solo algunos afortunados poseen desde el nacimiento. No, la autoconfianza es como un músculo que se fortalece con el tiempo y la práctica. Se construye con cada pequeño logro, con cada obstáculo superado y con cada lección aprendida.

Piensa en tu vida y en las veces que has enfrentado desafíos. Al principio, puede que hayas sentido temor, pero una vez que superaste esa situación, ¿no sentiste una oleada de confianza? Es porque, con cada experiencia, nuestra mente y corazón aprenden que somos capaces de más de lo que imaginábamos.

Para cultivar esta preciosa autoconfianza, es esencial comenzar con pequeños pasos. Establece metas alcanzables, celebra tus logros, y no tengas miedo de enfrentar retos. Además, rodearte de personas que te apoyen y te animen a crecer es fundamental. Con el tiempo, verás cómo esa pequeña chispa de confianza se convierte en una llama inquebrantable que ilumina tu camino.

En definitiva, la autoconfianza no es el punto de partida, sino el destino. Y cada paso que damos, cada desafío que enfrentamos es una oportunidad para construirla y fortalecerla. Así que, incluso cuando las dudas asaltan tu mente, recuerda que, con determinación y acción, la autoconfianza se cultivará, crecerá y te llevará a alturas insospechadas. ¡Avanza con valentía!

Distracciones en la era digital: Navegando en un Mar de Información

Vivimos en un mundo inundado de información, estímulos y oportunidades. A cada momento, notificaciones, mensajes, anuncios y actualizaciones luchan por captar nuestra atención. Nuestros dispositivos, que prometían hacer la vida más fácil y conectada, a menudo se convierten en fuentes constantes de interrupción, alejándonos de nuestras metas y propósitos.

La realidad es que, en la sociedad actual, las distracciones están en todas partes. Ya sea la tentación de revisar las redes sociales, la curiosidad por el último video viral o incluso la constante avalancha de correos electrónicos laborales; todo compite por un espacio en nuestra ya abarrotada mente.

Frente a esta cacofonía digital, mantener el enfoque se convierte en un acto revolucionario. Es una declaración de intenciones, un compromiso con nosotros mismos de que no permitiremos que el ruido externo gobierne nuestro tiempo ni nuestras decisiones.

¿Cómo lograrlo? Primero, es fundamental establecer

prioridades claras. Debemos definir lo que realmente importa en nuestra vida y carrera. Al tener claridad sobre nuestras metas, podemos reconocer más fácilmente las distracciones y resistir la tentación de ceder ante ellas.

Además, establecer rutinas y hábitos que fomenten la concentración es clave. Esto puede incluir designar momentos específicos del día para revisar correos o redes sociales, usar herramientas o aplicaciones que limiten las interrupciones, o incluso adoptar técnicas como la técnica Pomodoro, que divide el tiempo en intervalos de trabajo concentrado y descansos cortos.

Otro aspecto vital es el autocuidado. La fatiga y el estrés nos hacen más susceptibles a las distracciones. Por lo tanto, asegurarnos de descansar adecuadamente, alimentarnos bien y darnos tiempo para relajarnos y desconectar es esencial para mantener un enfoque nítido.

En resumen, en un mundo donde la atención es una moneda preciosa, protegerla y dirigirla conscientemente hacia lo que realmente importa es esencial. Las distracciones siempre estarán ahí, pero con determinación, estrategias claras y un compromiso con nuestras metas, podemos navegar a través del ruido y mantener el rumbo hacia el éxito. ¡El poder está en nuestras manos!

Resistencia al Cambio: El Ancla Invisible de lo Conocido

Es inherente a la naturaleza humana buscar refugio en lo familiar. Nuestros patrones conocidos, rutinas y hábitos actúan como una especie de manta cálida que nos envuelve, protegiéndonos de la incertidumbre de lo desconocido. Esta tendencia a apegarnos a lo conocido surge de un instinto básico de supervivencia; en tiempos antiguos, lo desconocido podría representar un peligro real. Sin embargo, en el mundo moderno, este instinto puede actuar más como un ancla que nos mantiene atados a la orilla, impidiéndonos explorar nuevos horizontes.

La realidad es que, aunque lo familiar puede ofrecer una sensación de seguridad, también puede ser una trampa que nos impida alcanzar nuestro máximo potencial. Al evitar el cambio, también evitamos las oportunidades que vienen con él: oportunidades de aprender, de crecer y de descubrir nuevas facetas de nosotros mismos.

El mundo a nuestro alrededor está en constante evolución. Las tecnologías avanzan, las culturas se fusionan y las ideas se transforman. Si nos quedamos estancados en nuestros viejos modos de pensar y actuar, corremos el riesgo de quedarnos atrás. Pero ¿cómo superamos esta resistencia al cambio?

Primero, es esencial reconocer y aceptar nuestros miedos. Preguntarnos a nosotros mismos: "¿Qué temo del cambio? ¿Es un miedo real o solo un miedo al desconocido?". Al confrontar estos temores, podemos comenzar a desactivar su poder sobre nosotros.

Luego, podemos comenzar a tomar pequeños pasos fuera de nuestra zona de confort. No es necesario hacer cambios drásticos de inmediato. A veces, solo se trata de probar una nueva actividad, aprender una nueva habilidad o simplemente cambiar una rutina diaria. Con cada paso que tomamos, nuestra zona de confort se expande y nuestra confianza crece.

Rodearnos de personas que alienten nuestra evolución puede ser de gran ayuda. Buscar mentores, amigos o colegas que nos desafíen, nos apoyen y celebren nuestros logros puede hacer que el proceso de cambio sea menos intimidante y más enriquecedor.

Aunque la resistencia al cambio es natural, no debe ser un obstáculo insuperable. Al abrazar el cambio, nos abrimos a un mundo lleno de posibilidades y oportunidades, y encontramos el verdadero potencial que yace más allá de los límites que nos habíamos impuesto. ¡Atrévete a crecer, a evolucionar y a transformarte en la mejor versión de ti mismo!

Negatividad Externa: El Ruido del Mundo y Cómo Silenciarlo

En el viaje hacia la realización de nuestros sueños y objetivos, a menudo nos encontramos cruzando territorios plagados de dudas y críticas. Estos territorios son habitados por individuos que, ya sea por incomprensión o por sus propias inseguridades, intentan proyectar sus temores y negatividad en nosotros. Es como si lleváramos una antorcha brillante en un túnel oscuro, y algunos quieren soplarla, creyendo erróneamente que, al hacerlo, sus propias luces brillarán más fuerte.

Sin embargo, lo que debemos comprender es que no todos tienen la capacidad de ver o entender nuestra visión. Y eso está bien. No es su sueño, es el nuestro. Pero ¿cómo navegamos por este mar de dudas y críticas sin perder el rumbo o la confianza en nosotros mismos?

La primera clave es reconocer la diferencia entre crítica constructiva y simple negatividad. La crítica constructiva proviene de un lugar de genuino interés y deseo de ayudar, mientras que la negatividad pura a menudo tiene raíces en la envidia, el miedo o la incomprensión. Aprender a diferenciar entre estas dos puede ser una habilidad valiosa, ya que nos permite absorber información útil y descartar lo que no nos sirve.

Por otro lado, es vital crear un escudo mental. Imagina una burbuja a tu alrededor, donde solo las energías y opiniones que elijas pueden penetrar. Cuando alguien intente lanzarte una dosis de negatividad, esta burbuja actúa como un filtro, dejando decidir si esa opinión tiene valor o necesita liberarla al viento.

Además, rodearnos de personas que comparten nuestra pasión, que entienden nuestros sueños y que nos alientan en nuestros esfuerzos puede hacer una diferencia significativa. Estas son las personas que alimentarán nuestra antorcha, asegurándose de que nunca se apague, independientemente de cuán fuerte sea el viento en contra.

Mientras avanzamos en nuestro camino, inevitablemente encontraremos negatividad externa. Pero recordemos que nuestra visión es única, y mientras tengamos la determinación, la pasión y el entorno adecuado, nada ni nadie podrá desviarnos de nuestro verdadero propósito. La negatividad es solo un recordatorio de que estamos rompiendo moldes y desafiando el statu quo. Y eso, en sí mismo, es una señal de que estamos en el camino correcto.

¡Sigue adelante con confianza y convicción!

Transformando obstáculos en oportunidades

Reinterpretando el Fracaso:

En la travesía hacia el logro de nuestros sueños, no es raro encontrar piedras en el camino. Estos obstáculos, en muchos casos, se presentan en forma de fracasos. Sin embargo, lo que define nuestro progreso y crecimiento no es caer, sino cómo interpretamos y respondemos a estos desafíos.

El fracaso, a menudo temido y evitado a toda costa, puede ser una de las herramientas más poderosas para el crecimiento personal y profesional si se aborda con la mentalidad adecuada. En lugar de verlo como un punto muerto o un reflejo de nuestras capacidades, podemos optar por reencuadrarlo y visualizarlo bajo una luz diferente.

Primero, es esencial entender que cada error es una lección en sí mismo. En vez de preguntarnos "¿Por qué me pasó esto?", podríamos cuestionar "¿Qué puedo aprender de esto?". Al cambiar esta perspectiva, nos permitimos extraer el valor y el conocimiento oculto en cada situación adversa. De hecho, muchos de los inventos y descubrimientos más grandes de la historia surgieron de errores y fracasos aparentes.

Además, el fracaso nos brinda una oportunidad invaluable: la capacidad de desarrollar resiliencia y determinación. Al superar los desafíos, fortalecemos nuestro carácter y nuestra convicción en el camino elegido. Así, con cada obstáculo superado, nos volvemos más preparados y equipados para enfrentar retos futuros.

Otro aspecto por considerar es que el fracaso nos ofrece una revisión honesta de nuestras acciones y estrategias. Nos invita a evaluar, ajustar y recalibrar nuestros planes. En este sentido, un fracaso puede ser el catalizador que necesitábamos para tomar un nuevo enfoque, más efectivo y alineado con nuestros objetivos.

Por último, recordemos que la verdadera maestría y el éxito rara vez son el resultado de un camino sin contratiempos. Los altibajos, las pruebas y los errores son parte integral del viaje hacia la excelencia. Así que, en lugar de temer al fracaso, celebremos la oportunidad que nos brinda: la chance de aprender, adaptarnos y acercarnos aún más a nuestros sueños. Porque en el gran esquema de nuestra aventura, cada "fracaso" es simplemente un escalón más hacia la cima de nuestro potencial. ¡No te detengas! ¡Sigue avanzando y convierte cada obstáculo en una puerta hacia nuevas oportunidades!

Celebra los pequeños logros:

En la odisea de alcanzar nuestras metas más grandes y ambiciosas, a menudo se nos olvida detenernos y apreciar el paisaje. Nos obsesionamos con la meta final y pasamos por alto las innumerables pequeñas victorias que surgen en el camino. Sin embargo, el reconocimiento y celebración de estos logros menores pueden ser la clave para mantenernos motivados, enfocados y llenos de energía en nuestro viaje.

Cada pequeño logro, sin importar cuán insignificante pueda parecer, es una confirmación de nuestro esfuerzo y determinación. Es un recordatorio de que estamos avanzando, que estamos haciendo las cosas bien y que cada acción que tomamos nos está llevando más cerca de nuestra visión final. Al tomarnos el tiempo para reconocer estos momentos, fortalecemos nuestra autoestima y construimos una base sólida de confianza en nosotros mismos.

Celebrar estos logros no sólo refuerza nuestra moral, sino que también nos proporciona una dosis esencial de positividad. En esos días en que las cosas parecen no ir según lo planeado, recordar y reflexionar sobre nuestros logros pasados puede ser el impulso que necesitamos para seguir adelante. Nos recuerda que somos capaces, que hemos superado desafíos antes y que podemos hacerlo nuevamente.

Además, celebrar pequeñas victorias crea un ciclo positivo de refuerzo. Al disfrutar del sentimiento de logro, nos sentimos más motivados para tomar la siguiente acción, enfrentar el siguiente desafío y alcanzar la siguiente meta. Es una cadena de eventos que genera un momentum poderoso, impulsándonos hacia adelante con una energía renovada.

Es fundamental comprender que el viaje hacia cualquier objetivo importante está compuesto por una serie de pasos intermedios. Y aunque es esencial pensar en la imagen grande, no menospreciamos el valor de cada paso en el proceso. Son estas pequeñas etapas, estos momentos aparentemente menores, los que suman y construyen la trayectoria hacia el éxito.

Así que, ya sea que hayas tomado una decisión difícil, alcanzado una submeta, o simplemente hayas mantenido la consistencia en tus esfuerzos diarios, tómate un momento para celebrarlo. Permítete sentir orgullo, gratitud y alegría por cada paso que das. En la búsqueda de grandes logros, estos pequeños momentos cuentan y te llevan a la realización de tus sueños más preciados. ¡No subestimes el poder de cada pequeño logro! ¡Celebra, avanza y sigue construyendo tu camino hacia el éxito!

Establece prioridades:

Vivimos en un mundo que avanza a un ritmo vertiginoso. Cada día, somos bombardeados con innumerables tareas, responsabilidades y demandas que compiten por nuestra atención. A menudo, nos encontramos atrapados en un torbellino de actividades, sintiendo que estamos constantemente apagando incendios. Sin embargo, en esta frenética carrera, corremos el riesgo de perder de vista lo que verdaderamente importa y nos acerca a nuestros objetivos y sueños.

Distinguir entre lo que es urgente y lo que es importante es una habilidad esencial para mantenerse en el camino correcto. Las tareas urgentes requieren atención inmediata, como un correo electrónico que debe responderse o una fecha límite cercana. Sin embargo, aunque estas tareas parecen exigir nuestra atención al momento, no siempre contribuyen a nuestros objetivos a largo plazo.

Por otro lado, las tareas importantes son aquellas que tienen un impacto significativo en nuestros objetivos y visiones a largo plazo. Aunque no requieran atención inmediata, dedicar tiempo a estas actividades es esencial para alcanzar el éxito y la realización personal. Estas son las tareas que nos ayudan a construir nuestro futuro, a crecer y a evolucionar.

Para navegar con éxito en este mar de responsabilidades, es crucial establecer prioridades. Aquí hay algunas estrategias para hacerlo:

Reflexiona sobre tus objetivos: Tómate un momento para revisar y clarificar tus metas a corto y largo plazo. ¿Qué quieres lograr en la próxima semana, mes o año? Con una visión clara, será más fácil identificar las tareas que realmente importan.

Evalúa cada tarea: Antes de comprometerte con cualquier actividad, pregúntate: ¿Esta tarea me acerca a mis objetivos? Si la respuesta es no, considera si realmente necesita tu atención inmediata.

Planifica tu día: Dedica tiempo cada mañana o la noche anterior para planificar tu día. Establece una lista de tareas por orden de importancia y asegúrate de dedicar tiempo a las actividades que te acercan a tus metas.

Aprende a decir no: No todas las demandas o tareas merecen tu tiempo y energía. Aprender a rechazar solicitudes que no se alineen con tus objetivos es esencial para mantener el enfoque.

Revisa y ajusta: La vida es impredecible, y las prioridades pueden cambiar. Por ello, es importante revisar regularmente tus tareas y ajustar tus prioridades según sea necesario.

Al final del día, establecer prioridades no es simplemente una técnica de gestión del tiempo. Es una filosofía de vida que te permite vivir con intención, dedicando tu energía y esfuerzo a lo que realmente importa. Es la brújula que te guía en tu viaje, asegurando que cada paso que das te acerque a tus sueños y aspiraciones. Así que, en medio del caos y las demandas diarias, recuerda siempre discernir, priorizar y actuar con propósito. ¡El éxito y la satisfacción te esperan!

Busca el aprendizaje en el cambio:

Ya sea un giro inesperado en nuestra carrera, una relación que se desvanece o un nuevo entorno que nos desafía, el cambio se presenta en múltiples formas y magnitudes. Sin embargo, en lugar de temerlo o resistirlo, podemos elegir verlo desde una perspectiva diferente, como una puerta abierta a nuevas experiencias y conocimientos.

Adoptar una mentalidad de crecimiento es precisamente eso: ver cada cambio, no como un obstáculo, sino como una oportunidad. Es entender que, detrás de cada desafío o situación desconcertante, hay una lección valiosa esperando ser descubierta. Esta mentalidad nos permite abordar la vida con curiosidad y apertura, ansiosos por aprender y evolucionar con cada experiencia.

Por ejemplo, cuando nos enfrentamos a un revés en nuestro trabajo, en lugar de desanimarnos, podríamos preguntarnos: ¿Qué me está enseñando esta situación sobre mí mismo, sobre los demás o sobre el mundo en general? Quizás nos esté mostrando áreas en las que podemos mejorar, o tal vez nos esté señalando la dirección hacia una nueva pasión o interés.

Por supuesto, adaptarse a los cambios y buscar el aprendizaje en ellos no significa que siempre será fácil. Habrá momentos en los que nos sintamos perdidos o abrumados. Sin embargo, es precisamente en estos momentos de vulnerabilidad donde nuestra mentalidad de crecimiento brilla con más fuerza. Nos recuerda que cada experiencia, buena o mala, es una oportunidad para crecer y enriquecer nuestra alma.

Al abrazar esta mentalidad, comenzamos a ver el mundo con ojos nuevos. Cada desafío se convierte en un rompecabezas esperando ser resuelto, cada revés en una oportunidad para fortalecernos y cada cambio en una invitación para evolucionar. Y, lo más importante, nos damos cuenta de que, dentro de cada lección que la vida nos presenta, yace un regalo: la oportunidad de ser una versión mejor y más sabia de nosotros mismos.

Así que, la próxima vez que te enfrentes a un cambio desconcertante, recuerda: no estás perdiendo algo, estás ganando una experiencia invaluable. Y con cada lección aprendida, te acercas un paso más a la persona que siempre has deseado ser.

Construye tu tribu:

En momentos críticos, el tener un grupo sólido de personas que nos alienten y nos apoyen puede hacer toda la diferencia en el mundo. Esta es la razón por la que construir nuestra propia "tribu", una comunidad de individuos con mentalidades afines es esencial.

La tribu no se trata simplemente de tener amigos o

compañeros; es sobre forjar conexiones con aquellos que comparten nuestras aspiraciones, sueños y valores. Son las personas que, incluso en medio de la tormenta, te recordarán quién eres y lo que estás destinado a lograr. Son aquellos que celebran tus victorias, no importa cuán pequeñas sean, y te levantan en los momentos en que sientes que estás por caer.

Además, tener una tribu amplifica nuestras perspectivas. Nos proporciona diferentes puntos de vista, ideas y experiencias que enriquecen nuestro viaje. Nos desafían, nos inspiran y nos motivan a aspirar a mayores alturas. En resumen, actúan como faros que iluminan nuestro camino, asegurándose de que nunca nos sintamos perdidos o solos.

Por supuesto, construir esta tribu lleva tiempo y esfuerzo. Requiere la habilidad de conectarse auténticamente con los demás, de abrirse y ser vulnerable, y de invertir en relaciones que son mutuamente enriquecedoras. Sin embargo, el resultado es una red de apoyo inquebrantable que puede superar cualquier negatividad o desafío que se presente.

En un mundo que a veces puede parecer frío e indiferente, tener una tribu nos da un sentido de pertenencia. Nos recuerda que, sin importar lo que enfrentemos, hay personas que creen en nosotros, que confían en superar y que siempre estarán allí, esperando en la meta, listas para celebrar nuestros logros.

Así que, mientras avanzas en tu viaje, busca esas conexiones significativas. Encuentra aquellos que resuenan con tu alma, que comparten tu pasión y que están dispuestos a caminar contigo, hombro con hombro, hacia tus sueños. Porque con una tribu a tu lado, cualquier desafío se convierte en una aventura y cualquier obstáculo en una oportunidad para crecer juntos.

Forjando un Camino de Triunfo en medio de la adversidad.

Si hay una verdad universal en la vida, es que todos enfrentamos desafíos. Desde el miedo al fracaso hasta la resistencia al cambio, desde las distracciones de la era digital hasta la negatividad que puede emanar de quienes nos rodean. Pero, lo que verdaderamente cuenta no es el desafío en sí, sino cómo decidimos enfrentarlo y superarlo.

Recuerda esto: estás hecho para la grandeza. Cada célula de tu ser, cada experiencia vivida, cada sueño que albergas en tu corazón, todo ello converge para formar la maravillosa amalgama que eres tú. Y aunque en ocasiones puedas sentirte desbordado por los obstáculos, nunca debes olvidar que dentro de ti reside una fuerza inquebrantable, una chispa divina que tiene el poder de superar cualquier adversidad.

El miedo, la duda y la incertidumbre son emociones humanas. Sin embargo, no deben convertirse en la brújula que guíe tu vida. No dejes que estos desafíos te definan; en cambio, observa cómo cada uno de ellos puede ser una oportunidad, una lección que te moldea, te fortalece y te prepara para las grandes victorias que están por venir.

Al decidir emprender un viaje hacia tus sueños, has tomado la valiente decisión de no sólo vivir tu vida, sino de crearla. Y en ese proceso, te convertirás en una inspiración viviente, un faro de esperanza para aquellos que también buscan su propio camino hacia la grandeza. No subestimes el impacto que puedes tener. Tu determinación, tu resiliencia, tu capacidad para transformar obstáculos en oportunidades son la chispa que puede encender la llama de inspiración en otros.

Así que, aunque el camino pueda parecer empinado y lleno de baches, mantén la vista en el horizonte y recuerda porqué empezaste este viaje. Rodeado de tu tribu, armado con la sabiduría adquirida y con una mentalidad inquebrantable, no hay nada que no puedas lograr.

Porque no estás solo en esto. Cada paso que das, cada desafío que enfrentas, no sólo te acerca a tus propias metas, sino que también crea un puente para que otros sigan. Así que, sigue adelante con valentía, con pasión, con determinación. No te rindas, porque el mundo no sólo espera tu grandeza, sino que desesperadamente necesita lo que tú, y solo tú, tienes para ofrecer. ¡Adelante con todo! ¡Tu legado está en formación!

Capítulo 9

Elemento # 8 Cualidades & Valores

Las cualidades y valores son el fundamento, la columna vertebral de nuestra esencia como seres humanos. Son esos principios y características inherentes que guían nuestras acciones, decisiones y comportamientos. Como un faro en medio de la oscuridad, nos señalan el camino correcto, nos ayudan a mantener el rumbo y a actuar con integridad.

¿Qué son las cualidades?

Las cualidades son aquellos atributos o características intrínsecas que poseemos o desarrollamos a lo largo de nuestras vidas. Pueden ser innatas, como la empatía o la creatividad, o adquiridas, como la perseverancia o la resiliencia. Estas características se manifiestan en nuestras acciones, decisiones y en la forma en que interactuamos con el mundo. Son la materialización de nuestro ser interior.

¿Y los valores?

Los valores, por otro lado, son los principios éticos y morales que elegimos adoptar y que dan sentido y propósito a nuestras vidas. Son las creencias profundas sobre lo que es correcto y lo que no lo es, y nos ayudan a determinar cómo queremos vivir y relacionarnos con los demás. Los valores pueden ser universales, como la honestidad o la justicia, o personales, reflejando nuestras experiencias y perspectivas individuales.

Importancia de las Cualidades y Valores en "Ser la Persona que Decidas Ser" Para "ser la persona que decidas ser", es esencial tener claridad sobre nuestras cualidades y valores. Estos actúan como una brújula interna, proporcionándonos una dirección clara y un sentido de propósito. Al reconocer y abrazar nuestras cualidades, podemos potenciar nuestras fortalezas y trabajar en nuestras áreas de mejora. Y al vivir de acuerdo con nuestros valores, construimos una vida auténtica, alineada con lo que realmente importa para nosotros.

Además, en un mundo lleno de distracciones y presiones externas, mantenernos fieles a nuestras cualidades y valores nos permite mantener el rumbo, resistir la tentación de seguir la corriente y ser auténticos en nuestra búsqueda de grandeza. Actúan como un filtro, ayudándonos a tomar decisiones que reflejan quiénes somos y quiénes aspiramos a ser.

Nuestras cualidades y valores nos proporcionan una hoja de ruta para la autenticidad y el propósito. Nos motivan a perseguir nuestros sueños con pasión, a actuar con integridad y a ser la mejor versión de nosotros mismos. Al "ser la persona que decidas ser", no sólo estás creando un legado personal, sino que también estás dejando una huella positiva en el mundo, inspirando a otros a hacer lo mismo.

Analicemos algunas de ellas.

Honestidad

Descripción: La honestidad es mucho más que simplemente decir la verdad; es una representación genuina de nuestra esencia en todas nuestras acciones y palabras. Es una virtud que refleja la sinceridad y la autenticidad, evitando las máscaras, los engaños y las falsedades. Al actuar con honestidad, mostramos un reflejo claro y transparente de quiénes somos realmente, sin intentar aparentar o defraudar.

Rol en el autodesarrollo: La honestidad es la piedra angular de cualquier proceso de autodesarrollo. Al ser honestos con nosotros mismos, somos capaces de reconocer nuestras fortalezas y debilidades, lo que nos permite trabajar en áreas de mejora y potenciar nuestros puntos fuertes. Construir relaciones basadas en la confianza se vuelve más sencillo cuando actuamos con integridad, ya que las personas valoran y confían en quienes muestran su verdadero ser. Además, las decisiones tomadas desde un lugar de honestidad tienden a estar más en sintonía con nuestros valores y aspiraciones. De este modo, el autodescubrimiento no es solo un acto de conocerse, sino de ser fiel a esa esencia en cada paso que damos. La introspección honesta es la llave que abre la puerta a un desarrollo personal profundo y significativo.

Qué implica: Vivir con honestidad en nuestro día a día tiene implicaciones que trascienden más allá de simplemente "decir la verdad". Implica una congruencia interna que resuena en cada aspecto de nuestras vidas:

Autenticidad en las relaciones: Cuando somos honestos, no solo con los demás sino también con nosotros mismos, nuestras relaciones se vuelven más auténticas. Las personas pueden confiar en que lo que ven y escuchan de nosotros es un reflejo genuino de nuestros pensamientos y sentimientos, lo que fortalece los vínculos de confianza.

Claridad mental y emocional: La honestidad elimina el desgaste mental de tener que recordar mentiras o actuar de manera incongruente con nuestros valores. Esto proporciona una claridad mental y emocional que nos permite tomar decisiones más informadas y alineadas con nuestro verdadero ser.

Integridad personal: Ser honesto refuerza nuestra integridad personal. Nos convertimos en personas en las que otros pueden confiar y depender, y nuestra palabra adquiere un valor especial. Esta integridad se convierte en una brújula que guía nuestras acciones y decisiones, y nos da una fortaleza interna para enfrentar desafíos y adversidades.

Crecimiento constante: La honestidad nos lleva a enfrentar nuestras debilidades y errores. En lugar de esconderlos o negarlos, los reconocemos y aprendemos de ellos. Esta actitud fomenta un crecimiento constante, ya que estamos siempre en la búsqueda de mejorar y evolucionar.

Reputación sólida: En el ámbito social y profesional, la honestidad construye una reputación sólida. Las personas nos ven como confiables y dignas de respeto. A largo plazo, ser conocido como alguien honesto puede abrir puertas y crear oportunidades que de otro modo no estarían disponibles.

La honestidad implica una vida vivida con autenticidad, integridad y claridad. Es un compromiso con uno mismo y con el mundo que nos rodea. Es la elección de ser genuino en un mundo lleno de apariencias, y esta elección tiene el poder de transformar no solo nuestra propia vida, sino también las vidas de aquellos con los que interactuamos. La honestidad es elegir vivir de manera auténtica y valiente.

Humildad

Descripción: La humildad es la capacidad de mantener nuestros logros y habilidades en una perspectiva adecuada, sin caer en la arrogancia o la pretensión. Es entender que, a pesar de nuestras capacidades, siempre hay espacio para aprender y mejorar. Más allá de reconocer nuestras limitaciones, es tener la valentía de admitirlas y la sabiduría de comprender que, en la vastedad del conocimiento, siempre seremos eternos aprendices.

Rol en el autodesarrollo: La humildad juega un papel esencial en nuestro crecimiento personal. Nos mantiene anclados y nos recuerda que siempre hay oportunidades para evolucionar. Una persona humilde está dispuesta a escuchar, a aprender de sus errores y a aceptar consejos o críticas constructivas. Al no cerrarnos por orgullo, podemos acceder a un mundo de sabiduría que proviene de las experiencias y conocimientos de los demás, lo que nos enriquece y nos ayuda en nuestro camino de desarrollo personal.

Qué implica: Ser humilde implica tener un auténtico autoconocimiento, donde aceptamos tanto nuestras fortalezas como nuestras debilidades. Significa celebrar nuestros logros sin menospreciar a los demás y, al mismo tiempo, ser empáticos y comprensivos con nuestras fallas y las de otros. La humildad lleva a una escucha activa, donde realmente nos conectamos con lo que el otro tiene para decir, sin prejuicios o juicios prematuros. En esencia, implica tener un corazón y una mente abiertos, dispuestos a acoger el vasto universo del aprendizaje y el crecimiento.

Disciplina

Descripción: La disciplina es la fortaleza interna que nos permite actuar de manera consistente y determinada hacia nuestros objetivos, sin dejarnos desviar por distracciones o desalientos momentáneos. Es la habilidad de tomar decisiones y acciones basadas en nuestros ideales y metas, y no en emociones pasajeras o impulsos. Es el arte de la autorregulación.

Rol en el autodesarrollo: La disciplina es el combustible que alimenta nuestra evolución personal. Mientras más disciplinados seamos, más eficientemente podremos utilizar nuestros recursos (tiempo, energía, atención) para avanzar hacia dónde queremos ir. Nos ayuda a construir hábitos sólidos que, con el tiempo, se convierten en la base sobre la que se sostiene nuestro crecimiento. Gracias a la disciplina, podemos superar obstáculos, aprender de nuestras experiencias y mantenernos enfocados en nuestras metas, sin importar los desvíos o dificultades del camino.

Qué implica: Adoptar la disciplina implica comprometerse con uno mismo. Significa establecer prioridades claras, y tomar decisiones diarias que reflejen esas prioridades. Requiere resistencia para no ceder ante distracciones o procrastinación y la valentía para enfrentar los desafíos, incluso cuando el camino se torna cuesta arriba. La disciplina también implica la capacidad de autoevaluarse, de reconocer cuándo estamos desviándonos del camino y tener la determinación para corregir el rumbo. En esencia, la disciplina es una manifestación del respeto y amor que tenemos hacia nosotros mismos y nuestros sueños. Es la promesa que hacemos de dar lo mejor de nosotros en cada paso del viaje.

Responsabilidad

Descripción: La responsabilidad es la capacidad de ser dueño de nuestras decisiones, acciones y, en última instancia, de nuestro destino. Es entender que cada elección que hacemos tiene un efecto, y ser consciente de que está en nuestras manos la capacidad de influir en esos efectos. No es simplemente reconocer los errores, sino también celebrar los logros, sabiendo que ambos son el resultado de nuestras propias decisiones.

Rol en el autodesarrollo: La responsabilidad es una de las piedras angulares del crecimiento personal. Al asumir la responsabilidad de nuestras acciones, dejamos de ser víctimas de las circunstancias y tomamos las riendas de nuestra vida. Nos volvemos más conscientes de nuestras acciones y de cómo impactan en nosotros y en los demás. Esta conciencia nos brinda una perspectiva más clara de qué es lo que funciona, qué necesita ajuste y cómo podemos mejorar. Al final del día, ser responsables nos permite ser los verdaderos autores de nuestra historia, dándonos la libertad de escribir un relato que refleje nuestras verdaderas aspiraciones.

Qué implica: Ser responsable implica tener un compromiso

inquebrantable con uno mismo y con aquellos a nuestro alrededor. Significa tener el coraje de mirarse al espejo, tanto en los momentos de triunfo como en los de fracaso, y decir: "Yo fui el responsable de esto". También implica ser proactivo, anticipándose a las consecuencias y actuando en consecuencia. Es la capacidad de dejar de culpar a las circunstancias, a otras personas o al destino, y tomar medidas para crear el cambio deseado. En esencia, la responsabilidad es el acto de honrar nuestros compromisos, tanto con nosotros mismos como con los demás, y de caminar por la vida con integridad y propósito.

Generosidad

Descripción: La generosidad es una expansión del corazón y del espíritu, manifestada al ofrecer libremente algo de uno mismo. Es ir más allá del simple acto de dar; es un deseo genuino de mejorar la vida de los demás, ya sea a través de actos de bondad, donaciones o simplemente compartiendo lo que se tiene. Esta cualidad no se mide por la cantidad que se da, sino por la intención detrás de cada gesto.

Rol en el autodesarrollo: La generosidad desempeña un papel vital en nuestro crecimiento personal porque nos invita a mirar más allá de nosotros mismos y a ver el mundo desde una perspectiva más amplia. Al ayudar a otros, no solo transformamos sus vidas, sino que también enriquecemos la nuestra. Nos brinda una profunda satisfacción y un sentido de propósito, y nos recuerda el impacto positivo que podemos tener en el mundo. Además, ser generoso fortalece nuestra empatía, comprensión y capacidad para conectarnos con diferentes personas y situaciones, lo cual es esencial para nuestro bienestar emocional y social.

Qué implica: Ser generoso implica una disposición constante para actuar con desinterés, sin esperar recompensas o reconocimiento. Requiere una apertura para reconocer las necesidades de los demás y actuar en consecuencia, incluso si eso significa sacrificar algo propio. Implica también la sabiduría de saber cuándo y cómo dar, entendiendo que a veces la forma más generosa de ayudar es enseñar a otros a ayudarse a sí mismos. Es un viaje de autoconciencia y descubrimiento, en el que aprendemos que, en muchas ocasiones, al dar es cuando más recibimos. En definitiva, la generosidad es una elección consciente de vivir con un corazón abierto, dispuesto a compartir y a contribuir al bienestar común.

Paciencia

Descripción: La paciencia es más que esperar; es mantener la calma y la compostura frente a las adversidades, resistir la urgencia de reaccionar impulsivamente y entender que ciertas cosas, ya sea el desarrollo personal, las metas o los sueños, requieren tiempo y constancia. Es, en esencia, un acto de equilibrio mental y emocional que nos permite abordar la vida con una mentalidad más centrada y reflexiva.

Rol en el autodesarrollo: En nuestro viaje de autodescubrimiento y crecimiento, la paciencia es una aliada fundamental. Nos enseña a valorar el proceso tanto como el resultado, a entender que cada etapa, por más lenta o desafiante que parezca, tiene un propósito y una lección. La paciencia nos da la resiliencia para enfrentar los contratiempos y perseverar a pesar de ellos, fortaleciendo nuestro carácter y nuestra determinación. Además, al adoptar una actitud paciente, somos más propensos a tomar decisiones meditadas y a actuar de manera coherente con nuestros valores y objetivos a largo plazo.

Qué implica: Adoptar la paciencia implica cultivar un profundo autoconocimiento y autodominio. Significa desacelerar, respirar profundo y aprender a soltar la necesidad de controlar cada aspecto de nuestras vidas. Implica confiar en que, con esfuerzo y dedicación, todo llegará a su debido tiempo. Es reconocer que la vida no siempre sigue nuestro ritmo deseado, pero eso no significa que no vayamos en la dirección correcta. Practicar la paciencia es también un ejercicio de empatía y comprensión, ya que nos permite ser más tolerantes y comprensivos con los demás, reconociendo que cada persona tiene su propio ritmo y proceso. En definitiva, la paciencia es una invitación a vivir el presente, a valorar cada momento y a abrazar el viaje con un corazón abierto y esperanzado.

Autoestima

Descripción: La autoestima es la percepción y juicio que cada individuo tiene sobre sí mismo, reflejando cómo se siente y cómo se valora. No se trata simplemente de una imagen superficial, sino de una profunda comprensión y aceptación de nuestras fortalezas, debilidades, logros y fallos. Es ese sentimiento interno que nos dice que somos capaces, valiosos y merecedores, independientemente de las circunstancias externas o las opiniones de los demás.

Rol en el autodesarrollo: La autoestima es uno de los pilares fundamentales del desarrollo personal. Al tener una autoestima sólida, somos más propensos a enfrentar desafíos con determinación, a aprender de nuestros errores sin caer en la autocrítica destructiva y a establecer relaciones saludables basadas en el respeto mutuo. Una buena autoestima nos impulsa a cuidar de nosotros mismos, a establecer límites saludables y a buscar entornos y personas que nos nutran positivamente. Además, nos permite trazar metas realistas y alcanzables, y perseguirlas con pasión y convicción, sabiendo que somos merecedores de todo lo bueno que la vida tiene para ofrecer.

Qué implica: Cultivar una autoestima saludable requiere un compromiso continuo de autoconocimiento y autorreflexión. Implica trabajar en deshacerse de creencias limitantes y patrones de pensamiento negativos que puedan haberse formado a lo largo de los años. También significa celebrar nuestros logros, por pequeños que sean, y ser amables con nosotros mismos en tiempos de dificultad o fracaso. La autoestima no es estática; puede fluctuar a lo largo de nuestras vidas. Sin embargo, con herramientas y prácticas adecuadas, como la autoafirmación, la gratitud y la meditación, podemos nutrir y fortalecer nuestra autoestima, haciendo que actúe como un faro que ilumine nuestro camino hacia el autodesarrollo y la autorrealización.

Perseverancia

Descripción: La perseverancia es la tenacidad, el empeño y la determinación con que nos aferramos a nuestros objetivos, incluso frente a adversidades. No es solo la resistencia ante los obstáculos, sino la capacidad de mantener la fe y la convicción en nuestros propios sueños, incluso cuando las circunstancias se vuelven difíciles o inciertas. Es ese fuego interno que arde con pasión y que no se extingue fácilmente, recordándonos que cada esfuerzo, por pequeño que sea, nos acerca un paso más a nuestra meta.

Rol en el autodesarrollo: La perseverancia es una de las cualidades más valiosas en el camino del autodesarrollo. Nos permite enfrentar y superar obstáculos, aprendiendo valiosas lecciones de cada experiencia. Mientras que muchas personas se rinden ante el primer signo de dificultad, aquellos con perseverancia ven en cada desafío una oportunidad para crecer y fortalecerse. Esta cualidad nos ayuda a desarrollar resiliencia, adaptabilidad y una mentalidad de crecimiento, permitiéndonos ver más allá de las adversidades temporales y mantener nuestra visión en el panorama más amplio de nuestros objetivos a largo plazo.

Qué implica: Cultivar la perseverancia implica reconocer que el camino hacia el éxito rara vez es lineal. Habrá altibajos, desvíos y obstáculos inesperados. Pero en lugar de verlos como barreras insuperables, es esencial adoptar una actitud de determinación y compromiso. Implica también desarrollar una mentalidad positiva, centrada en soluciones, y rodearse de influencias y estímulos que nos motiven a seguir adelante. La perseverancia también se nutre a través de la auto reflexión, donde reconocemos nuestros progresos, celebramos nuestros logros y ajustamos nuestro enfoque cuando es necesario. Es un viaje constante de autodescubrimiento, donde cada desafío enfrentado con perseverancia nos acerca más a la mejor versión de nosotros mismos.

Autodominio

Descripción: El autodominio se refiere a la capacidad que tiene una persona para gestionar y dominar sus propios deseos, pasiones, impulsos y emociones, dirigiéndolos hacia un propósito productivo. Es la habilidad de mantener un equilibrio interno, incluso cuando el mundo exterior puede ser caótico. Esta cualidad va más allá del simple autocontrol; implica una profunda comprensión de uno mismo, de nuestras motivaciones y de las razones detrás de nuestras reacciones.

Rol en el autodesarrollo: El autodominio es esencial en el proceso de autodesarrollo. Nos brinda la claridad y la fuerza interior necesarias para tomar decisiones que están en consonancia con nuestros objetivos a largo plazo, evitando distracciones y tentaciones momentáneas que podrían desviarnos. Al ejercer el autodominio, fortalecemos nuestra autoestima y confianza, ya que demostramos a nosotros mismos que somos capaces de mantener el rumbo y actuar con integridad, independientemente de las presiones externas. Nos permite ser más resilientes, centrados y efectivos en la consecución de nuestros objetivos.

Qué implica: Cultivar el autodominio requiere de introspección, autoconciencia y práctica constante. Implica reconocer nuestras debilidades y trabajar conscientemente para superarlas. Significa establecer límites saludables y ser fiel a nuestros principios, incluso cuando es más fácil ceder ante las presiones. El autodominio también implica desarrollar habilidades como la meditación, la atención plena y técnicas de gestión emocional para manejar mejor el estrés, la frustración y otras emociones intensas. Es un viaje de auto reflexión y automejora, en el que aprendemos a actuar con intención y propósito, en lugar de simplemente reaccionar a los estímulos que nos rodean. Es, en esencia, la maestría de uno mismo en la búsqueda constante de la mejor versión de quiénes somos.

Transparencia

Descripción: La transparencia es la capacidad de presentarse tal y como uno es, sin máscaras ni pretensiones. Implica la sinceridad en nuestras acciones y palabras, mostrando nuestros verdaderos pensamientos, sentimientos y motivaciones. Es el acto valiente de ser vulnerable, compartiendo no solo nuestros logros sino también nuestros fracasos y temores. La transparencia va más allá de simplemente decir la verdad; se trata de abrir nuestro corazón y mente, permitiendo que otros vean nuestro yo auténtico.

Rol en el autodesarrollo: La transparencia juega un papel vital en nuestro crecimiento personal. Al ser transparentes, creamos un espacio para la autenticidad, permitiendo que nuestra verdadera esencia brille. Nos libera de la carga de mantener una fachada y nos permite vivir con integridad. Al mostrarnos tal como somos, no solo construimos confianza con los demás, sino que también fortalecemos nuestra relación con nosotros mismos. La transparencia nos empuja a confrontar nuestras imperfecciones, a aprender de ellas y a crecer. También nos ayuda a conectar profundamente con otros, formando relaciones genuinas basadas en la empatía y la comprensión mutua.

Qué implica: Practicar la transparencia implica tener el coraje de enfrentar nuestras inseguridades y miedos. Requiere la valentía de admitir cuando estamos equivocados y la humildad para pedir disculpas. Implica ser receptivo al "feedback", escuchando activamente y haciendo ajustes basados en lo que aprendemos. También significa establecer límites claros, comunicando abierta y honestamente nuestras expectativas y necesidades. Adoptar una actitud transparente conlleva un compromiso con la verdad, una disposición para ser visto en nuestra totalidad, y la intención constante de vivir desde un lugar de sinceridad y autenticidad. Es una invitación a vivir una vida sin pretensiones, donde el valor real surge de nuestra vulnerabilidad y humanidad.

En conclusión, la travesía humana, en su esencia, no se trata sólo de avanzar, sino de evolucionar. Al hablar de salud, dinero y amor, nos referimos a tres pilares fundamentales que dan estructura a nuestra existencia. Sin embargo, para realmente brillar en estas áreas, es imperativo cultivar un núcleo interno robusto, nutrido por cualidades y valores auténticos.

Las cualidades como la honestidad, humildad y transparencia no son simples adornos que decidimos llevar un día y descartar al siguiente. Son el tejido mismo de nuestra alma, el brillo en nuestros ojos y el timbre en nuestra voz. Son las guías silenciosas que, incluso en medio de la tormenta más feroz, nos señalan el camino a seguir.

En la salud, la autodisciplina y el autodominio nos motivan a cuidar de nuestro cuerpo y mente, permitiendo que cada célula, cada pensamiento, se alinee con nuestra visión de bienestar. En la esfera del dinero, la responsabilidad y la perseverancia nos dirigen hacia una abundancia sostenible, no sólo en términos monetarios, sino en riquezas intangibles de experiencia y sabiduría. Y en el amor, la generosidad y la paciencia nos enseñan a amar incondicionalmente, a abrir nuestros corazones y a conectarnos profundamente con otros seres humanos.

Pero ¿por qué es crucial cultivar estos valores? Porque ser la persona que decidas ser no es una meta final, es una travesía constante. Es una danza entre quién eres y quien aspiras ser. Y en esa danza, cada paso, cada giro, está informado por estos valores.

Imagina por un momento un mundo donde cada individuo opera desde un lugar de autenticidad y propósito. Un mundo donde cada acción está impregnada de integridad y amor. Esa es la promesa que se desbloquea al abrazar estas cualidades y valores.

Así que, querido lector, mientras cierras este capítulo, te invito a que reflexiones: ¿Qué persona decides ser hoy? ¿Y mañana? Siéntete inspirado por la grandeza que yace en ti, y reconoce que, armado con estas cualidades y valores, estás listo no solo para enfrentar, sino para embellecer cada dimensión de tu felicidad.

Porque recuerda, no es solo sobre ser feliz en la salud, el dinero o el amor. Es sobre ser feliz en el Ser.

Y ese Ser, esa esencia luminosa, es el regalo más precioso que tienes para ofrecer al mundo. ¡Avanza con pasión y propósito, porque el viaje acaba de comenzar!

Capítulo 10

Elemento # 9 Oportunidades y posibilidades

En nuestras vidas, nos encontramos con intersecciones, cada una ofreciéndonos caminos diferentes. En estas intersecciones radican las oportunidades y posibilidades que nos permiten crecer, aprender y progresar. ¿Cómo identificamos esas oportunidades y cómo las aprovechamos al máximo?

La mentalidad del buscador

La búsqueda, en su esencia, no es simplemente un acto físico, sino una actitud mental. Esta mentalidad se caracteriza por la proactividad, el deseo constante de crecimiento y la inquebrantable curiosidad por el mundo que nos rodea. Es una mentalidad que define a aquellos que no solo quieren vivir la vida, sino saborearla, aprender de ella y remodelarla a su gusto.

Las personas que encarnan la mentalidad del buscador no son meros espectadores de su propio destino. Son protagonistas activos, escritores de su propia historia. No se sientan esperando que las oportunidades se presenten; en su lugar, toman la iniciativa, abriendo puertas, creando conexiones y explorando nuevos horizontes.

Ejemplos prácticos de cómo adoptar esta mentalidad:

Aprender siempre: Ya sea inscribiéndose en un curso, leyendo un libro o simplemente investigando en línea, un buscador está en una constante búsqueda de conocimiento.

Networking: Asistir a eventos, conferencias o simplemente reunirse con amigos puede llevar a descubrir nuevas oportunidades o aprendizajes.

Salir de la zona de confort: Probar una nueva actividad, viajar a un lugar desconocido o simplemente cambiar la rutina diaria puede abrir los ojos a nuevas posibilidades.

Hacer preguntas: La curiosidad es clave. Al hacer preguntas, no solo adquirimos conocimiento, sino que mostramos interés y abrimos puertas a nuevas conexiones y oportunidades.

Estar dispuesto a fallar: Tomar riesgos es parte del proceso. Algunas veces tendremos éxito, y otras aprenderemos valiosas lecciones.

Practicar la observación activa: En vez de pasar por la vida, tomarse el tiempo para observar, reflexionar y analizar lo que sucede a nuestro alrededor, nos brinda una comprensión profunda y revela oportunidades ocultas.

Ser perseverante: No todas las búsquedas darán frutos inmediatos. La paciencia y la perseverancia son esenciales para aquellos que desean encontrar verdaderas oportunidades.

La mentalidad del buscador no es un talento con el que se nace, sino una habilidad que se cultiva. Al alimentar nuestra curiosidad, mantener una mente abierta y ser proactivos en nuestra búsqueda de oportunidades, podemos transformar no solo nuestra percepción del mundo, sino nuestra trayectoria en él. Así que, ¡levantemos la vista, miremos más allá del horizonte y busquemos activamente las maravillas que la vida tiene para ofrecer!

Mantente Abierto

El universo tiene maneras misteriosas de presentarnos oportunidades, y para recibirlas, nuestra mente y corazón deben estar en el estado correcto: uno de apertura y receptividad. Si cerramos nuestras puertas al cambio o nos aferramos a las expectativas rígidas, podemos perder oportunidades doradas que pasan justo frente a nuestros ojos.

Las oportunidades no siempre son obvias ni vienen con un cartel luminoso que dice "¡Aquí estoy!". En ocasiones, se presentan en momentos de desafío o en situaciones que inicialmente pueden parecer adversas. Aquel trabajador que invierte su tiempo en aprender un nuevo software, más allá de su función actual, no solo adquiere una habilidad técnica. Está dando un paso hacia su propio crecimiento y mostrando proactividad, lo que podría llevarle a nuevas responsabilidades o incluso a un cargo más elevado. Es un claro ejemplo de cómo algo que podría parecer una tarea más, en realidad, es una ventana hacia nuevas posibilidades.

En el caso del joven que decide asistir a un seminario, quizás lo hace sin expectativas claras, movido simplemente por la curiosidad. Sin embargo, ese simple acto puede ser el inicio de un viaje transformador. Podría descubrir una vocación que desconocía, conocer a un mentor o simplemente abrir su mente a nuevas ideas que enriquezcan su perspectiva de vida.

Ejemplos adicionales de mantenerse abierto incluyen:

Escuchar activamente: Cuando interactuamos con otros, en lugar de simplemente esperar nuestro turno para hablar, escuchemos. Podríamos aprender algo valioso o descubrir una oportunidad escondida en una conversación casual.

Probar cosas nuevas: Desde un nuevo hobby hasta un diferente camino a casa. Cambiar la rutina puede llevarnos a descubrimientos sorprendentes.

Pedir retroalimentación: A veces, otros ven en nosotros talentos o posibilidades que nosotros mismos pasamos por alto.

Viajar: Explorar nuevos lugares y culturas puede no solo brindarnos una nueva perspectiva sobre el mundo sino también sobre nosotros mismos y lo que deseamos en la vida.

El mantra aquí es sencillo: "Mantente abierto y curioso". La vida está llena de giros inesperados y sorpresas en cada esquina. La apertura nos permite fluir con estos giros y reconocer las joyas ocultas en las experiencias diarias. Al final del día, la verdadera magia radica en estar listo para recibir, adaptarse y aprovechar todas las maravillas que la vida nos presenta. ¡Así que abre bien tus ojos y tu corazón, y prepárate para sorprenderte!

Red de Conexiones:

Vivimos en un mundo interconectado, donde las relaciones y conexiones humanas juegan un papel crucial en nuestro desarrollo personal y profesional. Al cultivar y fortalecer nuestra red de conexiones, no solo estamos construyendo puentes con otros, sino también creando un tejido de posibilidades infinitas que puede ser la llave para desbloquear puertas antes inimaginables.

Construir una red no se trata solo de recopilar nombres o intercambiar tarjetas de presentación. Se trata de establecer relaciones auténticas, de escuchar y ser escuchado, de dar y recibir. Cada persona que conocemos tiene una historia, un conjunto de habilidades y una red propia. Al conectarnos genuinamente con ellos, indirectamente nos estamos conectando con todos aquellos a quienes ellos conocen. Es como un efecto dominó en el que una simple conversación puede llevar a una cadena de eventos beneficiosa.

Piensa en ello de esta manera: puede que asistas a un seminario y te sientes junto a alguien que, después de una amena charla, resulta ser el fundador de una empresa en crecimiento y está buscando alguien con tus habilidades. O quizás, en una conferencia, conozcas a alguien que te presente a un mentor que ha estado buscando a alguien como tú para transmitir sus conocimientos.

Ejemplos prácticos para fortalecer tu red incluyen:

Sé auténtico: La gente se siente atraída por la autenticidad. No se trata de impresionar, sino de conectarse desde un lugar genuino.

Mantente activo en las redes sociales: LinkedIn, Facebook, YouTube, por ejemplo, pueden ser una herramienta valiosa para conectar con profesionales de tu área o de áreas de interés.

Ofrece tu ayuda: A veces, ofrecer tu experiencia o tiempo puede ser el inicio de una relación profesional fructífera.

Únete a clubes o grupos: Ya sea un club de lectura, un grupo de corredores o una organización profesional, estos espacios son ideales para conocer personas con intereses similares.

Participa en talleres y cursos: Además de aprender algo nuevo, estos espacios suelen ser puntos de encuentro para personas con metas y aspiraciones similares.

La red de conexiones es como un jardín. Si lo riegas, lo cuidas y le dedicas tiempo, pronto verás florecer oportunidades y posibilidades que, quizás, jamás hubieras imaginado. Así que, ¡toma la iniciativa, extiende tu mano y comienza a tejer tu red de oportunidades hoy mismo!

Si hay algo que la experiencia y la observación constante de la conducta humana me han enseñado, es que todos, sin excepción, tenemos el poder de cambiar y evolucionar. Las oportunidades están a nuestro alrededor, a menudo esperando que simplemente extendamos la mano y las tomemos.

¿Qué nos detiene? ¿Es el miedo al fracaso? ¿O tal vez el temor al qué dirán? Estas preocupaciones, por válidas que parezcan, palidecen en comparación con el potencial que yace dentro de cada uno de nosotros. Un potencial que puede moldearse, que puede evolucionar, y que, sobre todo, puede definir nuestro futuro.

Ser un 3.14, un individuo que "será lo que decida ser", no es un lema vacío. Es una elección. Una elección que implica tomar las riendas de nuestra vida, aprender de nuestros errores y, sobre todo, perseguir con determinación nuestras metas y sueños.

Piensa en todas las historias de éxito que has escuchado o leído. ¿Qué tienen en común? La acción. No se trata de suerte ni de estar en el lugar y momento correcto, se trata de individuos que decidieron actuar, enfrentar desafíos y abrirse a nuevas posibilidades.

Por lo tanto, al cerrar este capítulo, te desafío: decide ser esa persona que no solo sueña, sino que actúa. Que no sólo espera, sino que busca. Que comprende que cada día es una oportunidad para acercarse un paso más a esa versión ideal de sí mismo.

Sí, la vida está llena de obstáculos, pero también de posibilidades infinitas. Y tú, querido lector, tienes todo lo que necesitas para aprovecharlas. Ahora, la pregunta es: ¿Estás listo para actuar? Porque ser un 3.14 es más que una elección, es un estilo de vida. Y todo comienza con un primer paso. ¡Hazlo!

Capítulo 11

Elemento # 10 Energía

La energía es el combustible que alimenta nuestras aspiraciones y sueños. Es el motor que impulsa nuestras acciones, permitiéndonos perseguir y alcanzar nuestras metas. Sin embargo, vivimos en un mundo que, a menudo, consume más energía de la que provee. La rutina diaria, las responsabilidades y los retos pueden agotarnos, haciendo que nos sintamos sin fuerzas. ¿Cómo mantener una reserva constante de energía que nos permita avanzar en las dimensiones de la felicidad: salud, dinero y amor?

Nutrición: Alimenta tu cuerpo y mente.

La nutrición es el pilar fundamental de nuestra existencia. No solo es la gasolina que impulsa cada función celular de nuestro ser, sino que también es el mapa que guía nuestras emociones, pensamientos y, en última instancia, nuestra capacidad para interactuar con el mundo que nos rodea. Cada elección que hacemos en cuanto a lo que consumimos tiene un impacto, ya sea grande o pequeño, en cómo nos sentimos y funcionamos.

Aunque yo no soy un experto en el tema de la nutrición, mi escrito y sugerencias está basado en investigación, lecturas y diálogos con atletas de alto rendimiento. Por ello he aquí consejos.

1. Comida Real: El Poder de lo Natural

Alimentos no procesados: En un mundo donde la comida rápida y los productos ultra procesados dominan las estanterías, es esencial recordar el valor de los alimentos en su estado más natural. Estos alimentos no han sido despojados de sus nutrientes esenciales y, por lo tanto, brindan el máximo beneficio al cuerpo.

Frutas y verduras: Son verdaderas potencias nutricionales. Cargadas de vitaminas, minerales y antioxidantes, estas joyas naturales combaten los radicales libres, fortalecen nuestro sistema inmunológico y promueven una piel saludable.

Proteínas magras: Fuentes como el pescado, el pollo y las legumbres no solo ayudan en la construcción y reparación de tejidos, sino que también son esenciales para la producción de enzimas y hormonas.

Granos enteros: A diferencia de sus contrapartes refinadas, los granos enteros conservan todas sus partes nutritivas. Son ricos en fibra, lo que favorece la digestión y ayuda en la prevención de enfermedades crónicas.

Beneficios de una alimentación adecuada: Cuando tomamos decisiones nutricionales conscientes, nos equipamos con la energía sostenible necesaria para enfrentar los retos diarios, mantener nuestra mente ágil y, sobre todo, sentirnos en armonía con nuestro cuerpo.

2. Hidratación: El Elixir de la Vida

Importancia del agua: El cuerpo humano está compuesto en

su mayoría por agua. Cada célula, tejido y órgano requiere agua para funcionar correctamente. Desde la regulación de la temperatura hasta la eliminación de desechos, el agua desempeña roles vitales en nuestra fisiología.

Consecuencias de la deshidratación: A medida que perdemos más agua de la que consumimos, empezamos a experimentar síntomas de deshidratación. Inicialmente, podemos sentirnos sedientos y tener la piel seca. Pero, con el tiempo, la falta de agua puede conducir a problemas más graves como la disminución de la capacidad cognitiva, problemas renales y desequilibrios electrolíticos.

Calidad sobre cantidad: Además de consumir la cantidad adecuada, es crucial considerar la calidad del agua que bebemos. Asegurarse de que esté libre de contaminantes y sustancias nocivas es esencial para mantener un bienestar óptimo.

La nutrición y la hidratación adecuadas no son meros caprichos o tendencias; son fundamentos en los que basamos nuestra salud y bienestar. Al priorizar ambos, nos damos el regalo de una vida llena de vitalidad y energía. ¡Haz de la nutrición consciente y la hidratación adecuada tus aliados en el camino hacia una vida más plena!

Ejercicio: Dinamismo en movimiento.

El ejercicio es el catalizador que desencadena una serie de reacciones positivas en nuestro cuerpo. No solo es una herramienta para mantenernos en forma, sino también una forma de conectarnos con nosotros mismos, aliviar el estrés y mejorar nuestra salud mental. Cada paso que damos, cada repetición que hacemos y cada respiración profunda durante una sesión de yoga son testimonio de nuestra dedicación a vivir una vida plena y saludable.

1. Actívate: Encuentra tu ritmo

Diversidad de opciones: Vivimos en un mundo donde las opciones para mantenernos activos son casi infinitas. Desde las tradicionales clases de aeróbicos hasta el moderno entrenamiento funcional, hay algo para cada gusto y necesidad.

Importancia de la rutina: Crear una rutina y adherirse a ella es esencial. No importa si es una caminata matutina o una clase de zumba después del trabajo; lo importante es la consistencia.

Beneficios cerebrales: Cuando nos movemos, no solo trabajamos nuestros músculos, sino que también mejoramos la circulación sanguínea en el cerebro. Esto puede mejorar la memoria, la concentración y reducir el riesgo de enfermedades degenerativas.

Endorfinas: Conocidas como las "hormonas de la felicidad", las endorfinas se liberan durante la actividad física, produciendo una sensación de euforia y bienestar. Esta es la razón por la cual después de hacer ejercicio a menudo nos sentimos más optimistas y relajados.

2. Flexibilidad y Fuerza: Armonía corporal

Ejercicios aeróbicos: Estos son ejercicios que requieren el consumo de oxígeno. Correr, nadar y andar en bicicleta son ejemplos perfectos. Estas actividades fortalecen el sistema cardiovascular, mejoran la capacidad pulmonar y, a menudo, son excelentes para quemar calorías.

Ejercicios anaeróbicos: Están centrados en la resistencia y la fuerza. Levantamiento de pesas, calistenia y sprints cortos son ejemplos. Ayudan a desarrollar músculo, fortalecer los huesos y mejorar la resistencia.

Balance perfecto: Para tener un cuerpo holísticamente saludable, es esencial combinar ambos tipos de ejercicios. Mientras los aeróbicos mejoran nuestra resistencia y salud cardiovascular, los anaeróbicos nos proporcionan la fuerza y definición muscular.

Adaptabilidad: Recuerda que todos somos diferentes. Lo que funciona para uno puede no ser adecuado para otro. Escucha a tu cuerpo y elige ejercicios que se adapten a tus necesidades y límites.

El ejercicio no es solo una actividad que hacemos para lucir bien; es una celebración de lo que nuestros cuerpos pueden lograr. Es un compromiso con nosotros mismos, una promesa de cuidar nuestro bienestar físico y mental. Cada sudor derramado, cada músculo trabajado, es un paso más hacia una vida de plenitud y salud. ¡Ponte en movimiento y siente la diferencia!

Gestión del Estrés: Encuentra tu equilibrio.

La gestión del estrés no solo es sobre evitar lo que nos estresa, sino aprender a enfrentarlo, a adaptarse y a crecer a partir de esas experiencias. En nuestra vida cotidiana, estamos constantemente bombardeados con demandas, expectativas y responsabilidades. Sin embargo, con las herramientas adecuadas y una mentalidad enfocada, podemos navegar por estas aguas turbulentas con gracia y determinación.

1. Mindfulness y Meditación: La brújula del alma

El poder del ahora: Estas técnicas nos enseñan a vivir en el presente, a apreciar el momento actual sin juzgarlo. Al enfocarnos en nuestra respiración, sensaciones y pensamientos, nos volvemos más conscientes de nuestro entorno y de nosotros mismos.

Beneficios a largo plazo: La práctica regular de mindfulness y meditación ha demostrado reducir los niveles de cortisol, la hormona del estrés. Además, estas prácticas pueden mejorar la calidad del sueño, reducir la ansiedad y potenciar la capacidad de concentración.

Herramienta adaptable: No necesitas ser un experto ni dedicar horas al día. A veces, solo unos minutos de atención plena durante una actividad cotidiana, como lavar los platos o caminar, pueden marcar la diferencia en tu estado de ánimo.

Centrar la mente: La meditación es una herramienta poderosa para entrenar el cerebro. Nos ayuda a filtrar distracciones, a fortalecer nuestra resiliencia emocional y a desarrollar una perspectiva más positiva y equilibrada de la vida.

2. Tiempo para ti: Refugio personal

Desconectar para conectar: En un mundo donde estamos

constantemente conectados, a veces necesitamos desconectar de la rutina para reconectar con nosotros mismos. Esos momentos de soledad y reflexión son esenciales para recargar energías.

Pequeños placeres: No subestimes el poder de las pequeñas cosas. Tomarte un café con calma, leer unas páginas de tu libro favorito o escuchar tu canción preferida pueden ser bálsamos para el alma.

Hobbies y pasatiempos: Actividades como pintar, escribir, cocinar o cualquier otra afición no solo son una excelente manera de desconectar, sino que también nos proporcionan un sentido de logro y satisfacción.

Contacto con la naturaleza: un paseo por el parque, un fin de semana en la montaña o cuidar de tus plantas, el contacto con la naturaleza ha demostrado tener muchos beneficios para la salud mental y física.

Al final del día, la gestión del estrés es una habilidad que se puede aprender y perfeccionar. Al igual que un músculo, cuanto más lo ejercitemos, más fuerte se volverá. Así que, cada vez que te enfrentes a situaciones que te desafíen, recuerda que tienes las herramientas para manejarlas con confianza y serenidad. Y siempre, siempre, dedica tiempo para ti, porque tú eres tu mejor inversión. ¡Avanza con equilibrio y disfruta del viaje!

Dimensiones de la Felicidad y la Energía: ¡El tridente de una vida plena!

1. Salud: El Templo del Ser

Nutrición y vitalidad: Al alimentar tu cuerpo con ingredientes naturales y nutritivos, no solo le das la energía que necesita, sino también las herramientas para repararse y rejuvenecer. Pensemos en ello como el combustible de alta calidad que un automóvil de carrera necesita para rendir al máximo.

El don del movimiento: El ejercicio, más allá de tonificar el cuerpo, es una herramienta poderosa para liberar tensiones, clarificar la mente y liberar esas endorfinas que nos hacen sentir bien. Cuando nos movemos, celebramos la vida y honramos nuestra salud.

Bienestar emocional: La gestión del estrés y las prácticas de atención plena son esenciales para mantener una mente tranquila. Al igual que un lago sereno refleja con claridad, una mente en paz permite una visión clara y decisiones equilibradas.

2. Dinero: Energía Transformada

Máximo rendimiento: La energía que invertimos en nuestra salud se traduce en un rendimiento óptimo en nuestra vida laboral. Un cuerpo y mente saludables nos permiten enfrentar desafíos, innovar y encontrar soluciones creativas, lo que nos hace más valiosos en el mundo laboral.

Pasión que se traduce en prosperidad: Cuando trabajamos en lo que amamos, cuando invertimos nuestra energía en proyectos que nos apasionan, es probable que esa pasión se traduzca en éxito, y eventualmente, en prosperidad.

Visión clara, metas alcanzables: Con una mente despejada y energizada, es más fácil trazar un camino financiero, establecer objetivos y seguirlos con determinación.

3. Amor: Magnetismo de la Energía Positiva

Atracción genuina: La energía positiva y auténtica atrae a personas similares a nuestra vida. Al estar en armonía con nosotros mismos, nos volvemos más atractivos, no solo físicamente, sino a nivel espiritual y emocional.

Relaciones profundas: Al cuidarnos, aprendemos el valor del amor propio. Y solo cuando nos amamos genuinamente, podemos amar a otros de la misma manera, construyendo relaciones basadas en el respeto, la comprensión y la empatía.

Comunicación efectiva: Una mente y cuerpo equilibrados facilitan una comunicación más abierta y efectiva. Al estar presentes y atentos, podemos conectar mejor con los demás, entender sus necesidades y expresar las nuestras.

Enfoque Integral para una Vida Plena:

La salud, el dinero y el amor son como las patas de un trípode que sostiene nuestra felicidad y bienestar. Si falta una o está tambaleante, todo el sistema se desestabiliza. No se trata solo de tener salud física, riqueza material o relaciones amorosas, sino de entender cómo estos elementos se complementan y fortalecen mutuamente.

1. La Salud como Inversión: Cuando nos cuidamos, no solo

prevenimos enfermedades y achaques, sino que nos damos la energía y vitalidad para perseguir nuestros sueños, trabajar con pasión y conectarnos con las personas. Una mente clara y un cuerpo ágil son activos invaluables que nos permiten enfrentar desafíos y aprovechar oportunidades en todas las áreas de nuestra vida.

2. Prosperidad y Energía: Cuando nos encontramos en nuestro mejor estado físico y mental, somos más productivos, creativos y resolutivos. Esta energía renovada se traduce en un trabajo de calidad, decisiones financieras inteligentes y, en última instancia, en una mayor prosperidad. Además, al tener una economía saludable, podemos invertir en nuestra salud y bienestar, ya sea a través de una buena nutrición, ejercicio o incluso terapias y retiros para el cuidado del alma.

3. Amor: El Reflejo de Nuestro Ser: El amor no es solo una emoción, es una manifestación de nuestra energía. Cuando estamos bien con nosotros mismos, proyectamos amor, empatía y comprensión. Al cultivar nuestro bienestar interno, atraemos relaciones más auténticas y significativas. A su vez, sentirnos amados y conectados nos da un propósito, nos motiva a cuidar nuestra salud y nos impulsa a lograr nuestros objetivos financieros y personales.

La Conexión de la Energía con la Felicidad: Enfocarnos en nuestra energía no es un acto egoísta, sino una necesidad. Al mantener nuestra energía en equilibrio, creamos un efecto dominó en todos los aspectos de nuestra vida. La vitalidad y el entusiasmo que sentimos se traducen en acciones concretas que impulsan nuestra salud, nuestra economía y nuestras relaciones.

Así, la felicidad no es un destino al que llegamos, sino un viaje que emprendemos cada día. Y este viaje está moldeado por las decisiones que tomamos en relación con estos tres pilares esenciales. Cada paso que demos para mejorar uno de estos pilares resuena en los demás, creando una sinfonía de bienestar y armonía en nuestra vida.

¡No esperes más! Reconoce la importancia de estos pilares en tu vida, cultiva tu energía y emprende un camino hacia una felicidad más rica y sustentable. Porque al final del día, serás el arquitecto de tu propio bienestar y felicidad. ¡Toma las riendas y construye la vida que siempre has soñado! ¡Adelante!

Capítulo 12

Elemento # 11 Comunicación

Desde los inicios de la humanidad, las palabras han sido nuestra herramienta más poderosa. Imagina por un momento un mundo sin palabras, un mundo donde el silencio reina y las historias, deseos y pensamientos permanecen atrapados dentro de nosotros. Afortunadamente, hemos sido dotados con el don de la comunicación, y con ello, la capacidad de influir en el mundo que nos rodea.

La comunicación actúa como un hilo conductor, entrelazando a las personas y creando lazos inquebrantables entre ellas. Sin ella, estaríamos perdidos, incapaces de compartir nuestras alegrías, tristezas, miedos y esperanzas. Desde que el primer ser humano sintió la necesidad de advertir a su compañero de un peligro cercano o de compartir el relato de una caza exitosa alrededor del fuego, hemos comprendido la importancia de transmitir y recibir mensajes.

Este intercambio constante de ideas y sentimientos no es solo una mera transacción. Es un acto de confianza, una muestra de vulnerabilidad y una oportunidad de entendimiento mutuo. Cada vez que expresamos lo que sentimos o pensamos, estamos permitiendo que otra persona se asome a nuestro mundo interno.

Y mientras las eras pasaban y la humanidad avanzaba, nuestra manera de comunicarnos también evolucionaba. Lo que una vez fueron simples gruñidos y señales, se transformó en lenguajes complejos, en escritura, en arte. Las historias que contábamos alrededor del fuego evolucionaron en libros, películas, canciones, convirtiéndose en testimonios eternos de nuestra existencia.

En el mundo actual, saturado de tecnología, la comunicación ha trascendido fronteras y barreras. Los mensajes viajan a la velocidad de la luz, conectando a personas de diferentes culturas, religiones y antecedentes. Este entorno digital ha ampliado nuestro alcance, pero también ha reforzado la importancia de la autenticidad y la empatía en nuestra comunicación.

A través de nuestras palabras, creamos y damos forma a nuestra realidad. Narramos nuestras vidas, influimos en las opiniones y sentimientos de los demás y dejamos nuestra marca en el mundo. Por ello, es esencial ser conscientes del poder que tienen nuestras palabras y usarlas con sabiduría, para construir puentes, sanar heridas y traer luz a la oscuridad. En nuestra narrativa, en cada historia que contamos y en cada conversación que mantenemos, reside el verdadero poder de la palabra.

Existen diversos canales, y cada uno tiene un impacto significativo en cómo se recibe y comprende el mensaje. Vamos a explorarlos y entender por qué son tan cruciales para nuestro desarrollo.

Comunicación verbal: es el arte y la ciencia de usar palabras para transmitir mensajes. Imagina por un momento un mundo sin palabras. Sería un lugar donde las emociones más profundas, las ideas más revolucionarias y los recuerdos más queridos quedarían atrapados en el silencio, incapaces de ser compartidos o comprendidos. Afortunadamente, gracias a este canal, tenemos la capacidad de plasmar nuestras emociones y pensamientos, ya sea a través de conversaciones efímeras o en páginas escritas que perduran a lo largo del tiempo.

Ya sea que estemos contando una anécdota a un amigo, discutiendo un proyecto en una reunión laboral o escribiendo un poema, utilizamos la comunicación verbal para transmitir un sinfín de ideas y sentimientos. Permite que un autor comparta mundos imaginarios, que un científico explique teorías complejas o que un niño exprese su curiosidad.

Ahora, piensa en la importancia de esta habilidad. Al desarrollar nuestras capacidades lingüísticas, no solo estamos aprendiendo a hablar o escribir. Estamos también aprendiendo a pensar. Las palabras se convierten en los bloques de construcción de nuestra mente, permitiéndonos estructurar pensamientos, argumentar ideas y razonar. Es como si nuestro cerebro fuera un jardín, y cada palabra que aprendemos es una semilla que, con el tiempo, crece y florece en formas maravillosas.

Además, la comunicación verbal es fundamental para el aprendizaje. Desde pequeños, las palabras son las herramientas con las que descubrimos el mundo. A través de ellas, absorbemos conocimientos, desarrollamos habilidades y cultivamos nuestra curiosidad. Cada conversación, cada libro, cada clase es una oportunidad para expandir nuestro horizonte y comprender mejor el entorno que nos rodea.

La comunicación verbal es mucho más que simples palabras. Es el vehículo que nos permite viajar a través de las emociones humanas, explorar el vasto mundo del conocimiento y conectarnos con otros seres humanos en un nivel profundamente personal. Es, en esencia, una de las herramientas más poderosas que poseemos para construir, aprender y crecer en nuestra travesía por la vida. Es el puente que une almas, la melodía que da ritmo a nuestras historias y la chispa que ilumina nuestro camino hacia el entendimiento. ¡Qué tesoro tan invaluable es la capacidad de comunicarnos verbalmente!

Comunicación No Verbal: es como la música de fondo en una película. Aunque no siempre es la protagonista, establece el tono, el ambiente y a veces, revela secretos que las palabras no pueden o no quieren contar. Es una danza silenciosa de gestos, miradas y movimientos que narran historias más allá de las palabras.

Imagina una escena en la que dos personas se sientan frente a frente en una cafetería. No se dicen nada, pero el ligero ceño fruncido de una de ellas, la mirada esquiva de la otra y la tensión en el aire cuentan una historia de desacuerdo o preocupación. Sin una sola palabra, ya puedes sentir la atmósfera y hacer suposiciones sobre su relación o la naturaleza de su encuentro. Esto es el poder de la comunicación no verbal.

Ahora, ahondemos en su importancia. Las emociones, esas corrientes subterráneas que fluyen en cada uno de nosotros, no siempre encuentran su camino hacia el lenguaje verbal. A veces, son tan abrumadoras, complejas o sutiles que no hallamos las palabras adecuadas para expresarlas. Ahí es donde la comunicación no verbal entra en escena, siendo una ventana directa a lo que sentimos y pensamos. Una sonrisa genuina, una mirada sostenida o un abrazo pueden transmitir amor, confianza o consuelo más que cualquier conjunto de palabras.

Además, esta forma de comunicación fortalece y da profundidad a nuestras interacciones. Cuando conectamos a nivel no verbal, creamos lazos emocionales más fuertes. Es esa chispa en los ojos de alguien cuando comparte una noticia emocionante, el calor de una mano que te apoya en un momento difícil o el consuelo de un hombro en el que apoyarte cuando las palabras fallan.

Por otro lado, nuestra capacidad para interpretar estos signos amplía nuestra percepción del mundo y nos hace más empáticos. Nos da la habilidad de leer entre líneas, de sentir el pulso de una situación y de conectar con otros a un nivel más profundo. Es como tener una brújula interna que nos guía a través de las complejidades de las interacciones humanas.

La comunicación no verbal es el arte de lo no dicho, pero profundamente sentido. Es un lenguaje universal que trasciende fronteras, culturas y palabras. Es una manifestación cruda y genuina de nuestra esencia como seres humanos, recordándonos constantemente que, a menudo, lo que no decimos dice mucho más sobre nosotros. Es un viaje de autodescubrimiento, donde aprendemos a escuchar con el corazón y ver con el alma, y a apreciar la rica tapiza de emociones y sentimientos que cada uno de nosotros lleva dentro. ¡Qué maravilloso es el mundo de la comunicación no verbal y todo lo que nos revela!

Comunicación Paraverbal: este aspecto de la comunicación es tan sutil como poderoso y, a veces, puede ser la diferencia entre una conversación exitosa y un malentendido total.

Imaginemos por un momento una obra teatral. Los actores han ensayado sus líneas a la perfección, pero el director insiste en que no es suficiente. ¿Por qué? Porque el modo en que se dicen esas líneas, el ritmo con el que se entregan, la pasión, el tono, la pausa... todo ello suma para dar vida al texto. La comunicación paraverbal es precisamente eso, es el director detrás de nuestras palabras, guiando, moldeando y a veces, redefiniendo el mensaje.

Tomemos, por ejemplo, la sencilla frase: "No sé si eso sea una buena idea". Dichas con un tono juguetón, las palabras pueden insinuar complicidad y aventura. Pero si se pronuncian con un tono serio y preocupado, la misma frase puede transmitir duda o advertencia.

La importancia de la comunicación paraverbal radica en su capacidad para agregar dimensión y profundidad a nuestras palabras. Es como la paleta de colores de un pintor: la misma imagen puede tener una sensación completamente diferente según los tonos y matices que elija. Así, el tono con el que decimos algo puede transmitir amor, ira, sarcasmo, ternura, impaciencia, entusiasmo o cualquier otra emoción que esté presente en el momento.

Por otro lado, la entonación y el ritmo con los que hablamos pueden enfatizar ciertas partes de un mensaje, haciendo que destaquen sobre el resto. Por ejemplo, si alguien dice con entusiasmo "¡Amo el chocolate!", el énfasis en "amo" y "chocolate" transmite una pasión genuina por ese dulce.

La comunicación paraverbal también nos brinda una forma única de personalizar nuestra comunicación. A través de nuestro tono, ritmo y volumen, le damos un sello personal a cada palabra, como una firma invisible que acompaña a nuestros mensajes.

En definitiva, aunque las palabras formen la base de nuestra comunicación, es el cómo las decimos lo que realmente da vida y color a esos mensajes. La comunicación paraverbal es el alma detrás de las palabras, el reflejo sonoro de nuestras emociones y la melodía que acompaña la letra de nuestra historia. Es un recordatorio constante de que, en la comunicación, como en la música, el tono, el ritmo y la entonación son esenciales para crear una sinfonía armoniosa y significativa. ¡Qué sería de nuestras conversaciones sin ese toque paraverbal que las hace tan vibrantes y conmovedoras!

Comunicación Visual: Esta forma de comunicación, que va más allá de las simples palabras, se ha arraigado en cada esquina de nuestro mundo, influenciando cómo percibimos, interpretamos y reaccionamos a la información.

Imaginemos, por un instante, que estamos parados frente a un gran museo. En lugar de entrar y explorar sus salas llenas de pinturas, esculturas y otras obras de arte, decidimos leer una detallada descripción de cada pieza. Aunque esa descripción puede ser precisa y detallada, jamás podría capturar la emoción, el detalle y la esencia de la obra real.

Aquí la comunicación visual brilla con todo su esplendor, ofreciéndonos una experiencia directa, inmersiva y emotiva.

Ahora, traduzcamos esto a nuestro día a día. Desde las infografías en un informe de trabajo hasta los memes que compartimos en las redes sociales, las representaciones visuales tienen la capacidad de simplificar la información, haciéndola más accesible y comprensible. Un gráfico bien diseñado puede hacer que un conjunto de datos complejos se vuelva fácilmente digestible, mientras que un video puede contar una historia conmovedora en cuestión de minutos.

La importancia de la comunicación visual también radica en cómo conecta con nuestra naturaleza primordial. Antes de que existieran los lenguajes escritos o incluso orales, nuestros ancestros ya se comunicaban a través de dibujos en las paredes de las cuevas. Esos antiguos petroglifos eran, en esencia, los primeros intentos de transmitir historias, tradiciones y conocimientos a través de imágenes.

Nuestro cerebro está cableado para procesar imágenes a una velocidad asombrosa. De hecho, se estima que el 90% de la información transmitida al cerebro es visual. Por lo tanto, al integrar elementos visuales en nuestra comunicación, no solo estamos haciendo que la información sea más atractiva, sino que también estamos apelando a una de las formas más innatas y eficientes de procesamiento cerebral.

Además, en un mundo globalizado donde las barreras del idioma a menudo pueden ser un obstáculo, la comunicación visual ofrece un lenguaje universal. Una imagen, un gráfico o un video pueden trascender fronteras y culturas, llevando un mensaje claro a una audiencia diversa.

En resumen, la comunicación visual es como una ventana abierta al mundo, permitiéndonos visualizar ideas, emociones y conceptos de una manera que las palabras solas podrían no lograr. Es una herramienta poderosa que, cuando se utiliza de manera efectiva, puede iluminar, inspirar y transformar nuestra percepción, llevándonos en un viaje visual que despierta nuestra curiosidad, empatía y asombro.

¡Es el arte de ver más allá de las palabras y sumergirse en un océano de posibilidades visuales!

Comunicación Táctil: Este tipo de comunicación, basada en el contacto directo, ha sido y sigue siendo un lenguaje universal que, aunque a veces pasa desapercibido, tiene una profundidad y un poder inigualables.

Piensa en la primera vez que un bebé agarra el dedo de su madre. Aunque el pequeño no pueda hablar ni entender el mundo que lo rodea, ese simple gesto ya está cargado de significado: un deseo innato de conexión, protección y amor. O cuando dos viejos amigos se encuentran después de años sin verse y se funden en un abrazo apretado, dejando que ese contacto físico diga todo lo que las palabras no pueden.

La comunicación táctil es tan antigua como la humanidad misma. Nos remite a un tiempo en el que nuestras acciones y gestos, más que nuestras palabras, definían quiénes éramos y cómo nos relacionábamos con el mundo. A través de un simple apretón de manos, podemos transmitir respeto, amistad, acuerdo o confianza. Mientras que un abrazo puede expresar amor, consuelo, alegría o incluso tristeza.

¿Por qué el tacto tiene un impacto tan profundo en nosotros? La respuesta se encuentra en nuestra biología. Cuando experimentamos contacto físico, nuestro cuerpo libera oxitocina, una hormona relacionada con el afecto y el vínculo emocional. Esta sustancia, a menudo denominada "hormona del amor", desencadena una serie de respuestas en nuestro sistema nervioso que nos hacen sentir bien, conectados y seguros.

La importancia de la comunicación táctil también radica en su capacidad para romper barreras. En situaciones en las que las palabras pueden ser insuficientes o incluso inapropiadas, un simple gesto puede llenar esos vacíos comunicativos. Un padre que acaricia la cabeza de su hijo para calmarlo, una pareja que se toma de la mano en señal de apoyo mutuo, o incluso un desconocido que te da una palmada en la espalda para felicitarte, todos estos son ejemplos del poder del tacto en acción.

En ciertos contextos culturales, el tacto es más prevalente y valorado, mientras que en otros puede ser más limitado o reservado para situaciones íntimas. Sin embargo, independientemente de la cultura, el contacto físico sigue siendo una herramienta vital para construir y mantener relaciones humanas genuinas.

Con el paso del tiempo, la tecnología ha cambiado la forma en que nos comunicamos, y en muchos casos ha reducido la interacción física. Sin embargo, la esencia del tacto sigue viva y su importancia es innegable. Es un recordatorio de nuestra humanidad, un puente que nos conecta emocionalmente y una forma de comunicación que, a pesar de su simplicidad, es increíblemente profunda.

Para concluir, aunque vivimos en un mundo dominado por la tecnología y las comunicaciones digitales, nunca debemos subestimar el poder del contacto humano. Porque, al final del día, es a través del tacto que sentimos, conectamos y, en última instancia, comprendemos el mundo a nuestro alrededor. ¡Es la magia del contacto humano en su máxima expresión!

Comunicación Auditiva: Imagina caminar por un bosque tranquilo. Aunque no haya ninguna conversación verbal, tus oídos son acariciados por una sinfonía de sonidos: el susurro de las hojas moviéndose con el viento, el canto lejano de un ave, el crujir de las ramas bajo tus pies. Cada uno de estos sonidos te comunica algo, te cuenta una historia, te sitúa en un espacio y tiempo específicos, y evoca un conjunto de emociones y recuerdos. Es el lenguaje universal de la naturaleza, y tú, sin decir una palabra, eres un oyente privilegiado.

Esta forma de comunicarse no depende de las palabras, sino de la capacidad de los sonidos para transmitir mensajes, emociones y ambientes. La comunicación auditiva se manifiesta en todos los rincones de nuestra vida. Puede ser tan sutil como el tintineo de una campanilla al entrar a una tienda, que nos da la bienvenida, o tan potente como el estruendo de un trueno, anunciando la llegada de una tormenta.

Y es que los sonidos tienen el poder de transportarnos. Una melodía nostálgica puede llevarnos de regreso a la infancia, el murmullo de un río puede calmarnos después de un día agitado, y el ritmo acelerado de un tambor puede hacer que nuestro corazón lata al compás. Cada sonido tiene una intención, un propósito, y nuestra tarea es escuchar y descifrar su mensaje.

La importancia de la comunicación auditiva radica en su habilidad para afectar nuestra psicología y fisiología. Los sonidos pueden influir en nuestro estado de ánimo, en nuestra percepción del mundo y en nuestra interacción con él. Por ejemplo, el sonido relajante de las olas del mar puede reducir el estrés y la ansiedad, mientras que un sonido abrupto y fuerte puede ponernos en alerta.

En el ámbito social, la comunicación auditiva juega un papel crucial. Piensa en una sala de cine, donde el sonido de la banda sonora amplifica las emociones de la trama, o en una fiesta, donde la música define el ambiente y la energía del lugar. Aunque a menudo no seamos conscientes de ello, nos guiamos por estos sonidos para interpretar y reaccionar ante situaciones.

Además, esta forma de comunicación es esencial en situaciones donde las palabras no pueden llegar. Un bebé, por ejemplo, se comunica con sus padres a través de llantos, risas y balbuceos mucho antes de pronunciar su primera palabra. Estos sonidos transmiten necesidades, emociones y estados de ánimo, y son cruciales para establecer un vínculo entre el niño y sus cuidadores.

Para concluir, la comunicación auditiva es una rica tapiza de sonidos, tonos y ruidos que, aunque no sean palabras, tienen el poder de transmitir mensajes profundos, evocar emociones y crear atmósferas. Es una forma de comunicación que nos rodea constantemente y que, si aprendemos a escuchar con atención, puede enriquecer nuestra experiencia de vida de maneras inimaginables. ¡Así que la próxima vez que escuches el sonido del viento o el canto de un pájaro, recuerda que estás siendo parte de una conversación milenaria que la naturaleza ha tenido con la humanidad!

La razón por la que estos canales son vitales para nuestro desarrollo radica en su capacidad para influir en nuestra comprensión, percepción y conexión con los demás. Al ser seres sociales por naturaleza, la comunicación desempeña un papel fundamental en la construcción de relaciones, la comprensión del mundo que nos rodea y nuestra habilidad para funcionar y prosperar en la sociedad. La maestría en la utilización y comprensión de estos canales potencia nuestra capacidad para aprender, trabajar en equipo, liderar, influenciar y, en última instancia, alcanzar nuestros objetivos y sueños. ¡Es como tener una caja de herramientas, donde cada herramienta tiene su propósito y, juntas, nos permiten construir puentes de entendimiento y crecimiento!

El arte de hablar en público como fuente de comunicación.

El arte de hablar en público es una habilidad que, cuando se domina, tiene el potencial de impulsar a una persona hacia la abundancia, el éxito y la prosperidad en diversas dimensiones de la vida. Si pensamos en los grandes oradores de la historia, personas que han motivado masas, influenciado decisiones y dejado una marca imborrable en el mundo, vemos la conexión entre una comunicación efectiva y el éxito. Ahora, exploremos cómo cada canal de comunicación puede contribuir a este arte y su relación con los pilares de la felicidad.

Comunicación Verbal: Cuando hablamos en público, las palabras que elegimos son esenciales. Una selección adecuada de palabras y frases puede inspirar, motivar y persuadir. A través del lenguaje, se pueden presentar ideas complejas, transmitir visiones y generar un impacto. Esta habilidad lingüística bien desarrollada, en el mundo de los negocios, por ejemplo, puede llevar a la prosperidad financiera; en el mundo emocional, puede generar conexiones más profundas y relaciones amorosas sólidas.

Comunicación No Verbal: Un buen orador sabe que no son solo las palabras las que cuentan. La postura, los gestos, las expresiones faciales pueden reforzar o debilitar un mensaje. Al conectar con el público a través del lenguaje corporal, se genera confianza y empatía. En la salud, este canal puede ayudar a interpretar signos de bienestar o malestar; en el amor, puede construir una conexión más profunda; y en el dinero, puede transmitir confianza y seguridad en negociaciones.

Comunicación Paraverbal: El tono, el ritmo, el volumen en el que decimos algo puede cambiar completamente el mensaje. Un tono apasionado y entusiasta puede inspirar a otros a seguir sus sueños, llevándolos hacia una vida de abundancia y prosperidad. El dominio de la entonación puede marcar la diferencia entre una propuesta aceptada o rechazada, una relación fortalecida o debilitada.

Comunicación Visual: Las presentaciones visuales, gráficos

o imágenes apoyan y refuerzan el discurso. En la era digital, con plataformas visuales como Instagram o YouTube, el poder de la comunicación visual es evidente. Los emprendedores visuales logran éxito y prosperidad a través de contenidos visualmente atractivos.

Comunicación Táctil: Aunque no siempre presente en el ámbito de hablar en público, el poder del tacto en un apretón de manos o un abrazo al final de un seminario puede solidificar relaciones y generar confianza. Esta conexión física puede abrir puertas a nuevas oportunidades y alianzas.

Comunicación Auditiva: Un fondo musical adecuado, un silencio estratégico o el uso de efectos sonoros pueden crear ambientes y emociones específicas en el público. En la música, por ejemplo, vemos cómo los artistas alcanzan fama y prosperidad a través de melodías y ritmos que conectan con las masas.

Al fusionar estos canales de manera efectiva, el arte de hablar en público se convierte en una herramienta poderosa. La habilidad de comunicar ideas, emociones y visiones de manera clara y persuasiva puede abrir puertas en todas las dimensiones de la vida, llevándonos a alcanzar alturas insospechadas en nuestra salud, nuestras relaciones y nuestra prosperidad financiera. ¡Así que, afinemos nuestras habilidades de comunicación y hagamos que cada palabra, gesto y tono cuenten en nuestro viaje hacia la abundancia y el éxito!

La comunicación es el puente invisible pero poderoso que conecta almas, mentes y corazones. Es el lenguaje universal que, en sus diversas formas y canales, nos permite transmitir ideas, compartir emociones y construir realidades. Cada canal, desde la palabra hablada hasta un simple gesto, lleva consigo un mensaje, una intención, un deseo de conectar.

Dominar la maestría en estos canales no es una tarea que se logra de la noche a la mañana. Requiere práctica, introspección y un profundo entendimiento de uno mismo y de los demás. Es un viaje de autodescubrimiento, donde aprendemos a escuchar nuestra voz interna y a proyectarla al mundo con claridad y confianza. ¿Por qué es tan esencial este dominio? Porque al lograrlo, no solo mejoramos nuestra capacidad de comunicarnos, sino que también ampliamos nuestro impacto y nuestra influencia en el mundo.

Hablar en público, en particular, es una habilidad que, cuando se perfecciona, tiene el potencial de transformar vidas. No solo la del orador, sino también la de aquellos que escuchan. Es una plataforma que nos permite inspirar, motivar, educar y compartir visiones que pueden cambiar la forma en que las personas ven el mundo y a sí mismas. Imagina poder transmitir una idea que despierte pasiones, que impulse a las personas a actuar, a crecer, a ser mejores. Ese es el poder del arte de hablar en público.

Y, ¿qué hay del beneficio personal? Al decidirte a dominar este arte, te abres a un mundo de posibilidades. Te conviertes en la persona que decides ser: más confiada, más influyente, más empoderada. Te enfrentas a tus miedos, te desafías a ti mismo y, en el proceso, descubres facetas tuyas que quizás no conocías. Te conviertes en un líder, en un agente de cambio, en alguien que, con palabras, puede crear realidades.

Por eso, te invito a embarcarte en este viaje. A descubrir el poder que yace en tu voz, en tus gestos, en tu presencia. A explorar cada canal de comunicación y a perfeccionar tu habilidad en cada uno de ellos. No esperes más. Decide hoy mismo ser esa persona que, con pasión y propósito, habla, inspira y transforma.

El camino hacia la maestría en comunicación te espera. ¿Estás listo para cruzar ese puente, para conectar, para ser la mejor versión de ti mismo y para inspirar a otros a hacer lo mismo? ¡Adelante, el mundo necesita escuchar tu voz! ¡Haz que cuente! ¡Haz que resuene! ¡Haz que inspire! ¡Sé la persona que decides ser!

Capítulo 13

Elemento # 12 Relaciones

Las relaciones, ya sean personales o profesionales, son pilares fundamentales en nuestra vida. Su importancia no puede ser subestimada, ya que tienen el poder de influir en nuestras decisiones, moldear nuestras experiencias y, en última instancia, determinar la trayectoria de nuestra vida.

No importa cuán talentoso o hábil sea uno, es a través de las relaciones que podemos maximizar ese talento. Las conexiones adecuadas pueden abrir puertas que de otra manera permanecerían cerradas y ofrecer oportunidades que de otra manera podrían haberse perdido.

Estrategias para Construir Relaciones Sólidas.

La Sabiduría de Escuchar: Diego no era un emprendedor común y corriente. Su negocio floreció no sólo por su visión vanguardista o su incansable trabajo, sino por un elemento clave que a menudo es pasado por alto: su extraordinaria habilidad para escuchar. Diego entendió que cada persona, independientemente de su posición o experiencia, tenía algo valioso que aportar. Se tomó el tiempo para escuchar activamente, no sólo para oír. Es una diferencia sutil pero crucial.

Esta actitud de Diego se asemeja a la sabiduría contenida en un pasaje bíblico que dice: "El que tenga oídos, que escuche con atención" (Mateo 11:15 TNM). No se trata simplemente de escuchar sonidos, sino de procesar y entender el mensaje subyacente. Es una invitación a profundizar, a conectar verdaderamente con lo que se nos está comunicando.

Al adoptar esta postura en su vida profesional, Diego fue capaz de captar detalles que otros pasaban por alto. No eran solo cifras o datos, sino intuiciones, sentimientos, sutilezas que solo se pueden captar cuando se escucha con auténtica intención. A menudo, en las reuniones, mientras todos estaban ocupados hablando o pensando en su próxima intervención, Diego estaba allí, silencioso, atento, absorbiendo cada palabra, cada tono, cada gesto.

Y este enfoque dio sus frutos. Al escuchar activamente a sus colaboradores, clientes y competidores, Diego pudo identificar oportunidades únicas que a otros se les escapaban. Su capacidad de escucha le permitió prevenir problemas. Anticipaba obstáculos antes de que surgieran, porque estaba sintonizado con las preocupaciones y necesidades de los demás.

Recordemos otra joya bíblica que refuerza esta idea: "El sabio escucha y aumenta su aprendizaje; el entendido adquiere dirección" (Proverbios 1:5). Diego encarnaba esta sabiduría. Se daba cuenta de que cada conversación, cada feedback, cada crítica, era una oportunidad para aprender y crecer.

Si queremos emular el éxito de Diego, debemos adoptar la escucha activa como una herramienta vital en nuestro arsenal. No es simplemente una técnica, sino una postura, una actitud ante la vida. Es reconocer que, en el ruido constante del mundo moderno, hay voces que merecen ser escuchadas, que tienen el poder de transformar nuestras vidas y negocios.

Por lo tanto, la próxima vez que te encuentres en una conversación, ya sea en una sala de juntas o en la mesa del comedor, recuerda a Diego. Detente, escucha y profundiza. Nunca sabes qué joyas podrías descubrir.

Respeto Mutuo: En el dinámico mundo de los negocios, donde las jerarquías y estructuras son a menudo rígidas, hay líderes que se destacan no por su capacidad de mando, sino por su habilidad para construir relaciones basadas en el respeto mutuo. Uno podría imaginar a un líder cuya filosofía sea simple, pero profundamente impactante: valorar genuinamente la contribución de cada individuo, independientemente de su rango o experiencia. Este líder entiende que cada persona, desde el recién ingresado hasta el ejecutivo más veterano, aporta un valor único a la organización.

Dentro de una organización con esta filosofía, no hay espacio para la discriminación o favoritismos. Cada persona es vista y tratada como un pilar esencial para el logro de los objetivos. Es una cultura donde se fomenta la voz de todos, creando un ambiente de trabajo colaborativo, inclusivo y eficiente.

Este respeto mutuo no se limita a las interacciones dentro de la oficina. Se extiende a cada aspecto de la relación profesional, desde las decisiones estratégicas hasta las conversaciones diarias. Al reconocer y valorar la individualidad y perspectiva de cada miembro, se crea una reciprocidad natural. Los empleados no solo sienten respeto por su líder, sino también entre ellos. Se cultiva un entorno donde la confianza florece, los conflictos se gestionan constructivamente y se celebran colectivamente los logros.

El respeto mutuo es más que una práctica; es una filosofía que reconoce la dignidad inherente de cada persona. Las organizaciones y líderes que adoptan esta filosofía crean ambientes de trabajo más saludables y alcanzan niveles de éxito y productividad superiores. Es un recordatorio de que las empresas no son sólo estructuras y procesos, sino conjuntos de individuos con sueños, aspiraciones y voces que merecen ser escuchadas.

Por lo tanto, si deseamos construir relaciones fructíferas y organizaciones prósperas, la receta es simple: fomentar un respeto genuino hacia cada persona. Cuando esto se logra, se desbloquea un potencial ilimitado, no sólo para el éxito empresarial, sino también para un crecimiento y desarrollo humano enriquecedor.

Comunicación Clara: Imagina por un momento a un líder de proyecto que se destaca entre sus colegas. A lo largo de su carrera, este profesional ha sido la persona a la que muchos acuden en busca de orientación y consejo. ¿Cuál es su secreto? Más allá de su conocimiento técnico y habilidades innatas, su habilidad para comunicar de manera clara y efectiva ha sido la clave de su reconocimiento y éxito.

Esta claridad comunicativa va más allá de simplemente transmitir información. Implica articular ideas de manera concisa, establecer expectativas realistas y ofrecer retroalimentación de forma constructiva. Es una habilidad que se cultiva con el tiempo y la práctica, y que es esencial en cualquier entorno profesional, desde startups innovadoras hasta conglomerados multinacionales.

Dentro de un equipo, esta habilidad es invaluable. Los proyectos fluyen de manera más eficiente cuando cada miembro comprende claramente su papel y responsabilidades. La comunicación clara elimina los malentendidos, que suelen ser la raíz de conflictos y retrasos. Además, establecer expectativas claras y realistas asegura que todos estén alineados hacia un objetivo común, reduciendo el riesgo de decepciones o frustraciones.

Pero la comunicación clara no se trata únicamente de hablar; también implica escuchar activamente. Asegurarse de entender lo que otros están expresando, hacer preguntas pertinentes y confirmar que todos están en la misma página. Esta reciprocidad en la comunicación refuerza la confianza y el respeto mutuo dentro de un equipo.

La habilidad de comunicarse de manera clara también tiene un impacto profundo en las relaciones con clientes o stakeholders. Al ofrecer retroalimentación o asesoramiento constructivo, se construye una relación basada en la transparencia y la confianza. Los clientes valoran y confían en profesionales que pueden expresar ideas y soluciones de manera clara y coherente.

En el mundo de los negocios y el liderazgo, la comunicación clara se erige como una herramienta esencial para el éxito. Es la brújula que guía a los equipos hacia metas compartidas, la base de relaciones profesionales sólidas y la clave para desbloquear oportunidades y superar desafíos. Al cultivar y perfeccionar esta habilidad, cualquier profesional puede posicionarse como un líder confiable y eficaz en su campo, llevando su carrera y sus proyectos a alturas insospechadas.

Mantener el Vínculo: La vida, en su esencia, es una intrincada red de relaciones. Cada encuentro, cada charla, cada gesto de amabilidad, se entreteje de manera armoniosa y natural que define nuestras experiencias. Pero mientras que algunas de estas relaciones pueden ser pasajeras, hay otras que, con el cuidado y esfuerzo adecuados, pueden convertirse en conexiones transformadoras, empujándonos a ser la persona que decidimos ser.

Establecer una relación es solo el comienzo. Imagina que es como plantar una semilla en un jardín. La verdadera magia radica en el cuidado que le das posteriormente: el riego regular, el cuidado de la tierra, y la protección contra las plagas. Al igual que esta semilla, una relación necesita atención y nutrición para florecer.

La comunicación abierta es el riego esencial que mantiene vivas las relaciones. Es a través de la comunicación que entendemos las necesidades, deseos y aspiraciones de la otra persona. Es el medio por el cual mostramos interés genuino y compartimos nuestros propios sentimientos y pensamientos.

El aprecio es el sol que alimenta esta relación. Reconocer y valorar la presencia y las contribuciones de la otra persona en nuestra vida es esencial. Un simple "gracias", un gesto amable o recordar fechas y momentos importantes puede hacer maravillas. Estos gestos, aunque puedan parecer pequeños, refuerzan el vínculo y cultivan un sentimiento de pertenencia.

Estar allí en los buenos y malos momentos es la verdadera prueba de la fortaleza de una relación. La vida, con su impredecibilidad, nos lanzará desafíos. En esos momentos, un hombro en el que apoyarse o una mano amiga que te ayude a levantarte puede marcar la diferencia. Del mismo modo, compartir los momentos felices y celebrar juntos los logros fortalece aún más el vínculo.

Este proceso va más allá del simple "networking". Mientras que el "networking" puede ser una puerta a nuevas oportunidades, mantener un vínculo genuino es construir un puente sólido hacia relaciones duraderas. Es un compromiso, una inversión de tiempo y emociones, que tiene el poder de transformarnos y llevarnos hacia nuestra mejor versión.

Al final del día, las relaciones son el reflejo de quiénes somos y a quiénes decidimos rodearnos. Nutriendo y cuidando estos vínculos, no solo enriquecemos nuestra propia vida, sino que también empoderamos y elevamos a aquellos con quienes nos conectamos. Así que, si deseas ser la persona que decides ser, cuida y valora esas conexiones. Son el espejo de la vida y el motor de nuestro crecimiento.

Por otro lado, hay una extraña realidad, y es que uno es el promedio de las personas más cercanas que hay en nuestras vidas. Este concepto proviene de la idea de que nos influenciamos mutuamente en nuestras relaciones. Esta idea enfatiza la influencia que tienen nuestro entorno y conexiones en nuestra mentalidad, comportamiento y, en última instancia, en nuestro éxito. Veamos ejemplos en las tres dimensiones que ya hemos hablado.

Salud: Si las personas más cercanas a ti tienen hábitos saludables, es probable que tú también los adoptes. Por ejemplo, si tus amigos se dedican a hacer ejercicio regularmente, es más probable que te sientas motivado a unirte a ellos o a adoptar un estilo de vida activo. Del mismo modo, si están comprometidos con una alimentación balanceada o prácticas de bienestar mental, esto puede influir en que tú también adoptes dichos hábitos.

Dinero: Estar rodeado de individuos que tienen una mentalidad financiera positiva y hábitos financieros prudentes puede influir en cómo manejas tus propias finanzas. Si tus contactos más cercanos son ahorrativos, invierten sabiamente y buscan oportunidades de crecimiento, es probable que esos comportamientos te influencien a hacer lo mismo. De igual manera, compartir ideas y estrategias puede abrir puertas a nuevas oportunidades de inversión o negocios.

Amor: Las relaciones amorosas y amistosas pueden influenciarse por el tipo de relaciones que observas y experimentas en tu círculo más cercano. Si estás rodeado de personas que tienen relaciones saludables, basadas en el respeto mutuo y la comunicación, es más probable que busques y fomentes esas mismas cualidades en tus propias relaciones.

El reconocimiento de la influencia que ejercen las personas en nuestras vidas no es un simple acto de observación; es un proceso profundo de autoconciencia y discernimiento. Cuando nos damos cuenta de cómo nuestras interacciones diarias pueden afectar nuestro estado de ánimo, nuestras decisiones y, en última instancia, nuestro destino, estamos asumiendo una responsabilidad activa en la construcción de nuestro futuro.

Cada individuo con el que interactuamos, ya sea directa o indirectamente, deja una huella en nuestra mentalidad y comportamiento. Estas interacciones pueden ser tan simples como una conversación ocasional con un vecino o tan significativas como las discusiones con un mentor o un ser querido. Sin embargo, todas tienen el potencial de influir en nuestras percepciones y acciones.

Al tomar la decisión consciente de rodearnos de personas que reflejen y apoyen nuestras aspiraciones, estamos haciendo más que simplemente elegir buenos amigos o colegas. Estamos estableciendo un entorno que está alineado con nuestros objetivos y valores. Estamos creando un ecosistema donde la salud, la riqueza y el amor no son meramente deseos o sueños, sino realidades palpables y alcanzables.

Por ejemplo, si valoramos la salud y el bienestar, al rodearnos de individuos que comparten esa misma valoración, es probable que nos encontremos más motivados para mantener un estilo de vida activo, aprender sobre nutrición y buscar hábitos que promuevan nuestro bienestar general. En el ámbito financiero, si buscamos riqueza y estabilidad, estar en compañía de personas con mentalidades financieras positivas y responsables puede ofrecer valiosos consejos y oportunidades. En cuanto al amor, establecer relaciones con aquellos que valoran la honestidad, la comunicación y el respeto nos guiará hacia relaciones más significativas y saludables.

Además, elegir activamente a quién permitimos influenciar nuestra vida es un acto de empoderamiento. Es una afirmación de que tenemos control sobre nuestras circunstancias y que estamos dispuestos a tomar medidas proactivas para asegurar un futuro próspero. No es una estrategia pasiva, sino una postura activa hacia la vida que nos coloca firmemente en el asiento del conductor en el viaje hacia la abundancia y el éxito.

Las relaciones en nuestras vidas no son meros acompañantes en nuestro viaje; son fuerzas poderosas que moldean nuestro camino, influyen en nuestras decisiones y refuerzan nuestras aspiraciones. Al elegir conscientemente a quienes nos rodean y reconociendo el impacto que tienen en nuestras vidas, tomamos el control de nuestro destino. Abrazar y nutrir relaciones positivas y enriquecedoras es una inversión en nosotros mismos, y es un paso esencial hacia la abundancia y el éxito en todas las dimensiones de nuestra existencia. La calidad de nuestras relaciones determina la calidad de nuestra vida. Así que, al buscar abundancia, riqueza y éxito, recordemos valorar y cultivar esas conexiones que nos elevan y nos impulsan a ser la persona que decidimos ser.

Capítulo 14

Elemento # 13 Voluntad & Compromiso

En este camino que emprendemos para "ser la persona que hemos decidido ser", la voluntad y el compromiso son nuestros fieles compañeros de ruta, siempre listos para tomarnos de la mano cuando el sendero se pone empinado. ¿Pero cómo mantenemos esa chispa de determinación cuando los vientos de la adversidad soplan fuerte y nos hacen dudar si valdrá la pena seguir luchando?

Mantener la determinación a lo largo de la vida no es para los débiles de corazón. Requiere una claridad de intención que va mucho más allá de los objetivos superficiales o pasajeros. Esta claridad en nuestras metas es la brújula que guía cada paso que damos; es lo que nos impulsa a levantarnos cada mañana con la certeza de que cada acción tiene un propósito. ¿Cómo se logra esa claridad?

Primero, es imprescindible que nos tomemos un momento, que puede ser una tarde tranquila o una serie de sesiones de reflexión profunda, para indagar en lo más recóndito de nuestro ser. Se trata de desenterrar esos sueños que, quizá, dejamos sepultados bajo capas de dudas y temores. Una vez identificados, los convertimos en metas tangibles, en destinos claros en nuestro mapa de vida.

Pero el saber a dónde vamos es solo una parte del viaje. La verdadera magia está en comprender por qué deseamos llegar allí. Este porqué es nuestro combustible, el motor que nos empuja hacia adelante, incluso cuando el camino se vuelve incierto y peligroso. Es el faro que, en medio de la tormenta de la incertidumbre y la negatividad, se alza firme, iluminando la oscuridad con la promesa de tierra firme más allá del horizonte tempestuoso.

Ese porqué es la promesa que nos hacemos, un compromiso sagrado con nuestra esencia y nuestros ideales. Es el recordatorio constante de que, independientemente de los obstáculos, hay algo más grande en juego: la realización personal, la contribución al bienestar de los que nos rodean, la búsqueda de un significado más profundo en todo lo que hacemos. No se trata de obstinación ciega, sino de una resolución consciente y deliberada de que no permitiremos que nuestro esfuerzo sea en vano.

Para mantener viva esta promesa, podemos documentar nuestro progreso, celebrar los pequeños triunfos y aprender de los desvíos que, inevitablemente, encontraremos en el camino. La vida es un maestro implacable, pero justo, y cada revés es una lección que nos prepara mejor para los desafíos futuros. Y en esos momentos en los que dudamos, cuando la determinación flaquea, regresamos a nuestro porqué, a ese compromiso inquebrantable, y encontramos la fuerza para continuar.

La determinación a lo largo del tiempo es un acto de equilibrio entre conocer nuestras metas y comprender las razones profundas que nos motivan a alcanzarlas. Es un proceso dinámico que requiere introspección, honestidad y una voluntad férrea para seguir adelante, incluso cuando solo podemos avanzar a tientas en la oscuridad, sostenidos únicamente por la luz de nuestro propio faro interno.

La adversidad tiene la peculiaridad de mostrarse ante nosotros con la cara de un enemigo, pero para aquel que tiene los ojos bien abiertos, es, sin lugar a duda, el mejor de los maestros. No se trata de negar su peso o su capacidad para derribarnos; se trata de entender que cada momento de dificultad es una oportunidad única para probar de qué estamos hechos.

Cuando la adversidad golpea nuestra puerta, no viene sola; trae consigo una invitación a enfrentar nuestros miedos más profundos y a poner a prueba la fortaleza de nuestro carácter. Cada desafío que nos obliga a detenernos, cada contratiempo que parece poner en jaque nuestros planes no es más que un ingrediente necesario en la forja de nuestra voluntad. Como el acero que se templa en el fuego más abrasador, así nuestra determinación se fortalece en el horno de las tribulaciones.

Cada victoria personal, cada desafío que logramos superar, es una nota más en la sinfonía de nuestro éxito. Cada paso adelante, no importa cuán pequeño sea, es un testimonio de nuestra capacidad para superar los límites que creíamos tener. La escalera al éxito no está compuesta de peldaños de aire, sino de sólidos y reales escalones, tallados por las herramientas de nuestra persistencia y nuestro esfuerzo.

Ahí es donde el compromiso asume su rol protagonista. Este no es un contrato escrito con tinta sobre papel; es un pacto de honor grabado en el corazón. Al firmarlo, no lo hacemos ante testigos, sino ante la más sincera y a veces crítica audiencia: nosotros mismos. Estipulamos en ese acuerdo tácito que, venga lo que venga, la marcha continúa. No porque no sintamos el golpe de la decepción o el cansancio del luchador, sino porque la persona que hemos elegido ser —aquella que habita en el futuro y que nos llama desde la cima de nuestros sueños— merece la oportunidad de existir.

Y es que la verdadera grandeza no se mide por la ausencia de fracasos, sino por la capacidad de seguir adelante a pesar de ellos. La persona que hemos decidido ser sabe que no se define por la caída, sino por la elegancia y la fuerza con la que se levanta, sacude el polvo de sus rodillas y sigue adelante. No se rinde ante la primera piedra en el camino, ni ante la segunda, ni ante la centésima. Cada obstáculo es un desafío, sí, pero también una invitación a superarse, a ser más fuerte, más sabio y más resiliente.

Ciertamente, la adversidad es la piedra angular en la construcción de nuestro destino. En la alquimia de la vida, transforma el plomo pesado de nuestros temores en el oro puro de nuestra valentía. Y así, con cada paso, nos acercamos más a ser la persona que decidimos ser: inquebrantable, perseverante y triunfante.

Para mantener la llama de la voluntad viva, necesitamos algo más que simples deseos o efímeras ráfagas de motivación. Aquí entra en juego la creación de sistemas de apoyo, que funcionan como redes de seguridad hacia el logro de metas y aspiraciones. Estos sistemas de apoyo son como los cimientos de un edificio, invisibles pero esenciales para mantener en pie la estructura de nuestros sueños.

Establecer rutinas diarias es como trazar un mapa para el día a día de nuestras vidas. Estas rutinas pueden ser tan simples como levantarse a la misma hora cada mañana, dedicar un momento del día a la reflexión o a la lectura, o incluso a la práctica de ejercicio físico. Son pequeños pasos, pero con cada uno de ellos, damos forma a la disciplina que requerimos para alcanzar metas más grandes. Estas rutinas actúan como anclas que nos mantienen enfocados y centrados, evitando que las tormentas de la procrastinación o la distracción nos desvíen del rumbo.

Los recordatorios visuales de nuestras metas también juegan un papel vital. Puede ser un tablero de visión colgado en la pared de nuestro espacio de trabajo, una lista de metas pegada en la nevera, o incluso una imagen de fondo en el celular o la computadora. Cada vistazo a estos recordatorios refresca nuestro compromiso y nos enfoca de nuevo en el 'por qué' detrás del 'qué'. Son señales que nos empujan a continuar, a no perder de vista la imagen más grande, recordándonos que cada esfuerzo tiene un propósito.

Y quizás uno de los componentes más poderosos de nuestro sistema de apoyo es la comunidad: un grupo de mentores, amigos, colegas o familiares que entienden nuestro viaje y están dispuestos a ofrecer una palabra de aliento, un consejo sabio o incluso un hombro en los momentos difíciles.

Estas personas son espejos de nuestras aspiraciones y valores, y su apoyo puede ser la diferencia entre rendirse y perseverar.

Estos aliados en nuestro viaje no solo nos ofrecen apoyo emocional, sino que también nos responsabilizan. Nos pueden impulsar hacia adelante cuando nuestra propia voluntad flaquea y celebrar con nosotros cada pequeño triunfo. Son las voces que nos recuerdan por qué empezamos cuando el camino se vuelve oscuro y la meta parece lejana.

La verdadera fortaleza mental se construye a través de la consistencia de estos pequeños hábitos y rituales diarios. Como un escultor que con cada golpe va dando forma a su obra, con cada acción que tomamos, cada decisión consciente por pequeña que sea, vamos esculpiendo la persona que queremos ser. Cada hábito es una promesa de progreso, cada rutina una estrofa en la poesía de nuestra perseverancia.

Entonces, cuando el cansancio nos pese o la duda nos visite, podemos recurrir a estos sistemas de apoyo para reavivar nuestro compromiso. Cada elemento de este sistema es un hilo que teje la red de nuestra determinación, asegurándose de que, a pesar de los desafíos, seguimos firmes en el propósito de alcanzar esa versión de nosotros que anhelamos con tanta pasión ser.

Además, la flexibilidad es crucial. Saber adaptarse a los cambios sin perder de vista nuestro norte nos permite sortear obstáculos inesperados. El compromiso no significa rigidez; al contrario, es saber mantener el curso aun cuando las aguas cambien de dirección. Celebrar cada logro, por pequeño que sea, es vital para mantener el entusiasmo. Cada paso adelante es un motivo para recordarnos que estamos más cerca de ser esa persona que decidimos ser. No olvidemos que, en el abismo de la desesperación, una pequeña llama de orgullo por lo logrado puede ser la luz que necesitamos para encontrar la salida.

La voluntad y el compromiso no son meras palabras que se lanzan al viento; son los pilares sobre los que se construyen las catedrales de nuestros logros personales y profesionales. Imagina que cada objetivo es una cumbre que se alza en el horizonte, majestuosa y desafiante. No es suficiente con admirarla desde la distancia o soñar con la vista desde su cima; se requiere una voluntad inquebrantable y un compromiso absoluto para emprender la escalada.

Estas "alas" de las que hablamos no son entidades físicas, sino más bien manifestaciones de nuestra fuerza interior. Como los músculos, se fortalecen con el uso constante y se debilitan con el descuido. Cada día que elegimos seguir adelante, cada momento en el que nos levantamos después de una caída, estamos ejercitando nuestra voluntad. Cada vez que nos mantenemos fieles a nuestras promesas, reafirmamos nuestro compromiso. Son prácticas diarias, momentos de elección consciente que, acumulados, crean un impulso imparable hacia nuestras metas.

Sortear las tempestades no es solo sobrevivir a ellas, sino aprender a navegar a través de sus vientos. Cada desafío, cada obstáculo que enfrentamos es una lección que, si se aprende bien, nos equipa con mayor sabiduría y resiliencia. Así, la próxima tormenta será menos intimidante, y nuestro vuelo, más seguro y firme. Es un proceso continuo de crecimiento y adaptación, donde la voluntad y el compromiso actúan como el timón y las velas de nuestro barco, guiándonos hacia nuestras aspiraciones.

Y cuando, después de los esfuerzos incansables y la dedicación absoluta, alcancemos ese lugar de realización, podremos mirar atrás no solo con orgullo y satisfacción, sino también con gratitud por el viaje que nos formó. Decir "Lo he logrado" no es simplemente celebrar un final, sino reconocer cada paso del camino, cada aprendizaje y cada persona que nos ayudó a construir nuestras alas.

Ese momento de triunfo es dulce, no por la meta en sí, sino por todo lo que representa. Es el testimonio de noches sin sueño, de lágrimas de frustración que se convirtieron en sudor de trabajo duro, y de pequeñas victorias que, sumadas, escriben la historia de nuestro éxito. Es la afirmación más pura de que "soy la persona que decidí ser", no por circunstancias o casualidad, sino por elección y esfuerzo consciente.

Al final, las alas de la voluntad y el compromiso nos llevan a alturas que nunca imaginamos posibles, a un horizonte ensanchado por nuestras propias acciones, donde la visión de lo que podemos alcanzar se expande infinitamente. En ese vuelo, nos convertimos en maestros de nuestro destino, arquitectos de nuestra felicidad y, finalmente, en la más auténtica versión de nosotros mismos.

Capítulo 15

Elemento # 14 Acción

Imagina que tienes en tus manos el mapa más detallado para llegar al tesoro de tus sueños. Cada paso que has dado hasta ahora – definir tu propósito, clarificar tu visión, alimentar tu fe y tu pasión, aceptar tus realidades, diseñar una estrategia, anticipar los obstáculos, reconocer tus cualidades, identificar las oportunidades, mantener tu energía, comunicarte eficazmente y construir relaciones sólidas, y forjar una voluntad y compromiso de hierro – todo eso ha sido esencial. Pero hay un elemento sin el cual todo lo anterior se queda en potencia: la Acción.

La acción es ese puente firme y decisivo que conecta el reino de las ideas, donde todo es posible en teoría, con el terreno firme de la realidad, donde las ideas deben pasar la prueba del ser o no ser. Se trata de un puente que todos debemos atravesar si deseamos que las semillas de nuestros pensamientos germinen en el suelo fértil de la acción.

Consideremos por un momento la visión: una imagen mental tan clara y detallada de lo que aspiramos alcanzar que casi podemos tocarla.

Sin embargo, si esta visión no se acompaña de pasos concretos hacia su realización, se desvanece con cada amanecer, igual que un sueño se esfuma al abrir los ojos. No importa cuán vívida sea esa visión en la mente, requiere de la acción para materializarse, para ganar color y dimensión en el mundo real.

La pasión, por otro lado, es ese fuego interno que nos impulsa, que enciende nuestras ganas de avanzar y de conquistar nuestras metas. Pero incluso el fuego más intenso se reduce a cenizas si no se alimenta con la leña de la acción. La pasión que no se ejercita, que no se expresa a través de actos, pierde su calor, su capacidad de transformar y de mover. Se convierte en un sentimiento nostálgico en lugar de ser la fuerza motriz que efectivamente es.

Y qué decir de las estrategias que con tanta atención hemos diseñado, esos planes meticulosos que prometen llevarnos paso a paso hacia la cima de nuestros objetivos. Estas estrategias son mapas valiosos, pero sin la acción, son solo eso: mapas. No importa qué tan detallado sea el plano, si no emprendemos la marcha, si no ponemos un pie delante del otro, los mapas permanecen inútiles, y nuestras estrategias no son más que buenos deseos plasmados en papel.

La acción es, por lo tanto, la diferencia fundamental entre vivir en un castillo de aire o construir una fortaleza en la tierra. Es la energía cinética que transforma el potencial en algo palpable. La acción es el lenguaje universal a través del cual le decimos al mundo quiénes somos y qué queremos. Es la firma al final de un contrato con la vida, el sello que dice "esto es real, esto es mío".

Por ende, es crucial reconocer que la acción no es una opción entre otras; es la única moneda de cambio válida en el mercado de los logros. La acción es el aliento que da vida a todo lo que hemos planeado, soñado y deseado. Es la demostración de que estamos comprometidos no solo con nuestros sueños, sino con la travesía que implica hacerlos realidad. La acción es el camino. Y ahora, más que nunca, es el momento de dar el paso.

Entonces, ¿por qué es crucial la acción? La acción es crucial porque es el motor de la transformación. Sin acción, las intenciones más nobles, las ideas más brillantes y los planes más astutos no son más que posibilidades suspendidas en el vacío del inmovilismo.

Concreción de la Visión: La visión es como la estrella polar en el cielo nocturno de un marinero; le guía, le ofrece una dirección a seguir en la inmensidad del océano.

Pero sin el impulso de las velas, sin la acción de navegar, la estrella no es más que un punto luminoso en la distancia. Del mismo modo, la visión en el terreno de los sueños y las ambiciones de una persona provee un norte, una imagen de lo que puede llegar a ser. Pero si no se acompaña de acción, esa visión se queda suspendida en el limbo de las posibilidades, nunca anclada en la realidad de los resultados concretos.

La concreción de la visión es el arte de transformar lo intangible en tangible. Se trata de una serie de pasos calculados, una coreografía meticulosa que se baila en el escenario del mundo real. Cada movimiento es intencionado, cada paso es un avance hacia la materialización de esa visión. Es el trabajo duro detrás del telón, el sudor y las horas que nadie ve, los pequeños actos que se suman hasta que, de repente, el 'podría ser' empieza a tomar forma ante nuestros ojos y se convierte en 'es'.

Y sí, habrá veces en que la visión parezca difuminarse, donde la realidad se muestre más tozuda que nuestras fantasías más audaces. Pero es aquí donde la acción se convierte en el cincel que el escultor utiliza para liberar la figura prisionera en el bloque de mármol.

Cada golpe es un acto de fe, una apuesta por el potencial que se esconde en la roca bruta de la existencia cotidiana.

Construir ese puente sobre el abismo que separa el sueño de la realidad no es un acto de magia, es un ejercicio de ingeniería persistente, donde cada ladrillo es una acción, cada soporte es un esfuerzo, cada cable es una decisión tomada. Con cada acción, el puente se extiende, se afirma, se hace más fuerte, hasta que un día es lo suficientemente sólido para llevar el peso de nuestros sueños a través del vacío.

Por eso la concreción de la visión a través de la acción no es opcional; es la única manera de vivir verdaderamente. No es un lujo, es una necesidad existencial. Sin acción, la visión se marchita, se convierte en la sombra de lo que pudo haber sido. Con acción, con esa entrega valiente y decidida, la visión cobra vida, respira, se mueve y florece en la realidad de una vida vivida a propósito, una vida que, ladrillo a ladrillo, acción a acción, se ha convertido en la obra maestra que siempre estuvo destinada a ser.

Validación de Ideas: Las ideas son como semillas; encierran dentro de sí el potencial para crecer y convertirse en algo grande, pero hasta que no se plantan en la tierra fértil de la realidad, no pueden germinar. Viven en la esfera de lo posible, rodeadas de "y si" y "quizás". Sin embargo, la validez de estas semillas-ideas no se puede confirmar solo pensando en ellas o hablando sobre ellas; necesitan ser sembradas en la acción para que puedan brotar y mostrar su verdadero valor.

La acción es, pues, el laboratorio donde estas hipótesis son puestas a prueba. Cada paso que damos hacia la realización de una idea es un experimento, cada resultado es un dato que recoger, analizar y comprender. No todas las ideas sobrevivirán este proceso riguroso, algunas se mostrarán impracticables, otras requerirán ajustes, modificaciones y, a veces, una reinvención completa. Pero este proceso es esencial, porque es a través de la acción que separamos el trigo de la paja, lo sustancial de lo efímero.

Al sumergir nuestras ideas en el crisol de la realidad, a menudo encontramos que lo que parecía brillante en teoría, se topa con desafíos inesperados en la práctica. Algunas ideas fracasarán, y eso está bien. En cada fallo, hay una lección que se destila, un conocimiento que se acumula. Cada error nos enseña algo valioso, y así, con cada intento, nuestras ideas se vuelven más fuertes, más resistentes y, sobre todo, más alineadas con el mundo real.

A través de la acción continua, nuestras ideas se someten a una evolución constante, se pulen como las piedras en un río. Con cada nuevo aprendizaje, cada ajuste, cada reinicio tras un fracaso, nuestras ideas se acercan más a su expresión más eficaz y eficiente. Este proceso es interminable porque el mundo está en constante cambio y nuestras ideas deben moverse con él, deben respirar el mismo aire de la innovación y adaptabilidad.

La acción nos brinda feedback inmediato, y ese feedback es oro puro. Nos dice si estamos en el camino correcto o si hemos tomado un desvío equivocado. Nos muestra dónde y cómo podemos mejorar. Sin la acción, las ideas pueden engañarnos haciéndonos creer que son perfectas. Solo cuando se enfrentan a la realidad pueden ser verdaderamente perfeccionadas.

Por lo tanto, la acción es indispensable para cualquier creador, innovador o soñador. Es el vehículo que lleva la idea desde el reino de la imaginación hasta el mundo físico, tangible y medible. Es el proceso mediante el cual una idea se transforma en un servicio, un producto, una empresa, un movimiento. Sin acción, las ideas son solo sueños. Con acción, se convierten en el motor del progreso, la herramienta de cambio y el artefacto de transformación personal y colectiva.

Manifestación de Compromiso: El compromiso es una moneda de dos caras; por un lado, está la promesa que hacemos, la visión que pintamos con palabras, y por el otro, está la materialización de esa promesa a través de nuestras acciones. Hablar de nuestras metas es iniciar un dibujo en el lienzo de nuestras vidas, pero es con la acción donde realmente comenzamos a llenar ese lienzo con color y forma.

En el mundo de los sueños y aspiraciones, las palabras son el boceto, pero las acciones son los pincelazos que traen la obra de arte a la realidad. Es fácil articular lo que queremos y cómo nos vemos en el futuro; lo verdaderamente desafiante es levantarnos cada día y dar pasos concretos hacia esa imagen ideal. Este hacer cotidiano es el testimonio más claro de nuestro compromiso, es la firma al pie de nuestra obra.

La acción es la huella que dejamos en el camino hacia nuestras metas, es la marca de nuestras manos en la arcilla de la realidad. Cada decisión de actuar, de moverse hacia adelante, es una declaración de intenciones, una afirmación de que no nos contentamos con solo soñar. Cuando priorizamos nuestro tiempo, cuando invertimos recursos, cuando sacrificamos comodidades por avanzar hacia nuestros objetivos, es cuando verdaderamente estamos honrando nuestro compromiso.

Además, la acción consistente envía un mensaje poderoso no solo a nosotros mismos sino también a aquellos que nos rodean. Establece un estándar de seriedad y de expectativa. La gente empieza a asociar nuestra presencia con la confiabilidad y la resolución. Se convierten en testigos de nuestra jornada y, a menudo, en aliados y apoyos en nuestro camino.

El compromiso manifestado en acción también refuerza nuestra autopercepción. Nos empezamos a ver no solo como soñadores, sino como hacedores. La identidad de "alguien que cumple lo que dice" se va forjando con cada paso adelante, con cada pequeño logro y con cada gran esfuerzo. El respeto propio crece y se solidifica en la medida en que nuestras acciones reflejan nuestras palabras.

En definitiva, la acción es el verdadero barómetro de nuestro compromiso. Mientras que las palabras pueden flotar lejos, llevadas por el viento de la distracción y la procrastinación, las acciones se arraigan en el terreno de lo real. Son pruebas sólidas y visibles de nuestras intenciones, son los cimientos sobre los que se construyen los éxitos. En el universo de la realización personal y profesional, la acción no es solo un paso adelante, es la declaración viva de que estamos en la carrera no solo para participar, sino para ganar y para concretar en realidad lo que alguna vez fue solo un sueño.

Generación de Momentum: La generación de momentum es como encender el motor de un vehículo que ha estado estacionado; al principio puede costar trabajo, pero una vez que el motor está en marcha y el vehículo comienza a moverse, cada kilómetro recorrido hace que el próximo sea más fácil de alcanzar. Así funciona la acción en la dinámica de nuestras vidas y objetivos.

Piénsalo así: cada paso que das hacia tu meta es como empujar una gran rueda. Al principio, cada empujón requiere de todo tu esfuerzo, tu concentración y tu energía. Pero una vez que la rueda gana algo de movimiento, cada acción subsiguiente necesita menos fuerza para mantener la velocidad. Este es el poder del momentum: la acumulación de nuestras acciones previas que nos ayuda a propulsarnos hacia adelante.

Cada decisión de actuar, cada tarea completada, cada meta pequeña alcanzada, es como inyectarle más combustible a ese motor que ya ruge con la promesa de la distancia. El momentum se construye día con día, acción por acción, convirtiendo lo que parecía una serie de tareas desconectadas en un flujo cohesivo y dirigido de progreso.

Este impulso acumulado tiene un efecto psicológico poderoso. Nos sentimos más confiados, más capaces, más seguros de que podemos enfrentar y superar los desafíos venideros. La inercia, ese pesado manto de estancamiento que puede sofocar la ambición y apagar la pasión, se disipa ante la evidencia palpable de movimiento y cambio.

La inercia es vencida no solo con un arranque súbito y vigoroso, sino con la persistencia de la actividad. No importa que las acciones sean pequeñas; lo que cuenta es la constancia. Cada correo electrónico enviado, cada llamada realizada, cada página escrita, cada acuerdo cerrado son como los latidos de un corazón que bombean vida a la visión que deseamos materializar.

Y al igual que una rueda en movimiento tiende a seguir rodando, nuestras acciones generan nuevas oportunidades, abren nuevos caminos y atraen a nuevas personas que pueden ser catalizadores de más avances. De repente, no estamos solos en nuestro esfuerzo: el momentum que hemos creado empieza a atraer más energía, más apoyo, más recursos.

En el camino hacia cualquier logro significativo, la generación de momentum es un principio clave: mantén el movimiento, no dejes que la rueda se detenga, y encontrarás que, con cada vuelta, con cada revolución, te acercas más a la realidad que has soñado y por la que has trabajado. Con momentum, la acción se convierte no solo en el resultado de nuestra voluntad, sino en la expresión de nuestra determinación de no rendirnos, de seguir empujando hasta que nuestros sueños tomen forma en el mundo concreto.

Desarrollo Personal: El desarrollo personal es un viaje continuo, y la acción es nuestro vehículo en este viaje hacia el crecimiento. Piensa en ello como un músculo que necesita ser ejercitado para ganar fuerza. Cada vez que decides actuar, estás flexionando y fortaleciendo tu músculo de la determinación. Este músculo no es visible a simple vista, pero su poder se manifiesta en la capacidad de superar obstáculos y alcanzar metas.

Cuando nos mantenemos estáticos, dentro de lo familiar y cómodo, limitamos nuestro crecimiento. Es en la frontera de nuestra zona de confort donde ocurre la verdadera expansión personal. Cada acción que realizamos, especialmente aquellas que nos estiran más allá de lo que creemos posible, es una oportunidad para afinar nuestras habilidades. Es como un artesano puliendo su arte: con cada esfuerzo, con cada intento y cada pequeño ajuste, nos volvemos más adeptos, más expertos en la artesanía de nuestras propias vidas.

La confianza, al igual que cualquier estructura, se construye poco a poco. Cada decisión de actuar, cada riesgo tomado, cada éxito —no importa qué tan pequeño— es como colocar un ladrillo en el edificio de nuestra autoestima. Cada logro nos da la seguridad de que podemos hacer más, ser más, alcanzar más. Esta confianza acumulada nos prepara para enfrentar desafíos mayores, para dar saltos más audaces hacia nuestros sueños.

Además, cada vez que enfrentamos una situación desafiante y decidimos actuar, nuestro carácter se fortalece. El carácter es el núcleo de quiénes somos como individuos, y es forjado a través de las pruebas y tribulaciones que enfrentamos.

Como el acero templado en el fuego, el carácter se fortalece bajo la presión y el calor de los desafíos que enfrentamos y superamos.

Pero el desarrollo personal no es solo una cuestión de habilidades, confianza y carácter. Es también acerca de la auto reflexión y el conocimiento. Cada acción que emprendemos nos proporciona información valiosa sobre quiénes somos, qué valoramos y qué es lo que realmente queremos de la vida. Nos ofrece lecciones sobre nuestras limitaciones y nuestras posibilidades. Nos enseña sobre la resiliencia y la adaptabilidad. Nos muestra nuestros patrones de pensamiento y comportamiento, abriendo la puerta para que podamos hacer cambios conscientes.

En esencia, la acción es el crisol en el que se forman y revelan nuestras verdaderas identidades. No podemos conocer completamente nuestras capacidades hasta que se nos desafíe a utilizarlas. No podemos entender la profundidad de nuestra fuerza interna hasta que no tengamos que recurrir a ella. La acción, en todas sus formas, es la llave que desbloquea el potencial latente dentro de cada uno de nosotros. Con cada paso que damos hacia adelante, con cada decisión de no retroceder, estamos escribiendo la historia de quien somos y de quien estamos llegando a ser.

Inspiración para Otros: La inspiración tiene un efecto dominó extraordinario; es contagiosa y se extiende mucho más allá de nuestros propios esfuerzos personales. Cuando una persona se levanta y se mueve hacia sus objetivos con determinación y propósito, se convierte en mucho más que un individuo persiguiendo un sueño: se transforma en un faro de posibilidad.

Piensa en ello como una chispa que enciende una hoguera. Una sola acción decidida, tomada por un individuo, puede actuar como esa chispa inicial que despierta una llama en el corazón de otra persona. Esta llama puede, a su vez, crecer y convertirse en su propia fuente de luz y calor, impulsando a esa persona a actuar también. Con cada nueva acción, la inspiración se propaga, multiplicando el impacto original de esa primera chispa.

Además, cuando los demás observan a alguien transformando la visión en realidad, empiezan a creer en la posibilidad de sus propios sueños. Ver la transformación de lo teórico a lo práctico, de la idea a la acción, puede romper barreras de duda y escepticismo que a menudo confinan a las personas en el "no puedo" o el "no es posible". La acción puede demostrar, de manera concreta y palpable, que los obstáculos pueden ser superados, que los retos pueden ser enfrentados y que las metas pueden ser alcanzadas.

La acción también sirve como un modelo tangible. Para aquellos que están buscando un camino a seguir, puede proporcionar un plan de ruta, una demostración de 'cómo hacerlo'. Cuando las personas ven a otros perseverando, aprendiendo y triunfando, obtienen valiosas lecciones que pueden aplicar en sus propias vidas. Pueden ver estrategias efectivas, métodos para superar dificultades y maneras de mantener la motivación y el enfoque.

Por último, la acción conlleva historias, y las historias tienen el poder de mover a las personas. Narrativas de desafíos, de caídas y levantamientos, de pequeños pasos y grandes saltos, se convierten en el folklore de la motivación personal y colectiva. Cada acción exitosa añade una nueva historia a este folklore, proporcionando ejemplos reales y relatables de lo que significa luchar y triunfar.

En resumen, el acto de hacer —no solo de planear o hablar— es en sí mismo una forma poderosa de liderazgo sin título. No necesitas un cargo o una plataforma para inspirar a otros; tus acciones hablan por sí mismas y pueden ser la chispa que encienda la pasión y el propósito en aquellos que te rodean. La inspiración que proviene de la acción real es un regalo que sigue dando, propagando una onda de impacto que puede llegar mucho más lejos de lo que jamás podríamos imaginar.

Creación de Oportunidades: La acción no es solo un catalizador de cambio, sino un poderoso creador de oportunidades. No es exagerado decir que muchas de las oportunidades más valiosas en la vida no aparecen hasta que nos comprometemos con la acción. Es como si el universo estuviera esperando ver una señal de nuestro compromiso antes de revelar los caminos que pueden llevarnos adelante.

Cuando nos movemos activamente hacia nuestras metas, cuando tomamos la iniciativa y ponemos en práctica nuestros planes, comenzamos a interactuar con el mundo de una manera que simplemente no es posible desde la inacción. Estas interacciones pueden ser con personas, con organizaciones o incluso con las circunstancias que nos rodean, y cada una de ellas tiene el potencial de abrir nuevas avenidas que antes no considerábamos o que no sabíamos que existían.

Por ejemplo, en el proceso de iniciar un nuevo negocio, podrías descubrir un nicho de mercado previamente desatendido. O tal vez, al asistir a una red de contactos o a un evento, podrías conocer a un futuro socio comercial o a un mentor que pueda ofrecerte una perspectiva o un recurso valioso. En otros casos, al publicar tus ideas o trabajos en línea, puedes atraer la atención de quienes tienen los medios para llevar tu carrera al siguiente nivel.

Además, la acción nos coloca en un estado de aprendizaje activo. Nos enfrentamos a problemas reales y encontramos soluciones prácticas, muchas veces innovadoras. Este proceso de aprendizaje por sí mismo puede revelar oportunidades de crecimiento personal y profesional. Aprendemos no solo a ser más eficientes en lo que hacemos, sino también a reconocer oportunidades que antes no veíamos debido a nuestra falta de experiencia o comprensión.

Y no es solo que la acción abra puertas; también nos equipa mejor para verlas y para tener la valentía de atravesarlas. Con cada paso que damos, con cada éxito y cada fallo, nos volvemos más audaces y capaces de capitalizar las oportunidades que la acción nos revela. El proceso de estar activamente comprometidos en la persecución de nuestros objetivos nos entrena para ser más rápidos en identificar y aprovechar las oportunidades que surgen.

La acción, por lo tanto, se convierte en una auténtica máquina de generar posibilidades. No podemos predecir siempre qué puertas se abrirán, pero podemos estar seguros de que el movimiento y el esfuerzo constantes harán que más puertas aparezcan ante nosotros. Y con cada nueva puerta que se abre, el mundo parece un poco más grande, nuestras opciones un poco más ricas y nuestro potencial para alcanzar el éxito se multiplica exponencialmente.

Realización de Logros: Los logros y el éxito, lejos de ser frutos de la casualidad o el destino, son el resultado directo y tangible de acciones deliberadas y enfocadas. La acción es más que un mero componente en el proceso hacia el éxito; es la esencia misma que transforma el potencial en realidad palpable. Cada paso que damos, cada movimiento que realizamos es una pincelada en el lienzo de nuestra vida, y juntas, esas pinceladas componen la obra maestra de nuestros logros.

Para comprender plenamente este concepto, imagina que el éxito es como una gran pared de ladrillos. Cada acción que realizas coloca un ladrillo más en esa estructura. Algunos días, puedes colocar solo un ladrillo; otros días, puedes colocar docenas. Pero cada acción cuenta y cada ladrillo es crucial. Sin la acción de colocar esos ladrillos, no habría pared; no habría estructura que represente tus logros.

En este proceso, la consistencia en la acción es clave. No es suficiente con realizar una serie de acciones de manera esporádica o sin dirección. Las acciones deben ser sostenidas y persistentes, guiadas por un plan bien definido y un objetivo claro. Incluso cuando el progreso parece lento o las recompensas parecen distantes, deben seguir adelante. Cada acción es un compromiso con tu visión de éxito, y es la acumulación de estos compromisos la que, en última instancia, te llevará a realizar tus logros.

Es fundamental reconocer también que el éxito rara vez llega de forma instantánea. Es más, a menudo el producto de muchos pequeños éxitos, cada uno construido sobre la base de acciones previas. Y con cada logro, por pequeño que sea, ganas confianza y experiencia, lo que te permite emprender acciones más grandes y audaces. Este ciclo virtuoso de acción y éxito se refuerza a sí mismo, y mientras más lo alimentas, más poderoso se vuelve.

La acción, por lo tanto, no es simplemente algo que haces en el camino hacia el éxito; es el camino mismo. Es la fuerza motriz que convierte la inmovilidad en progreso, la duda en certeza y los sueños en logros. La acción es el mecanismo por el cual el deseo se convierte en realidad, el anhelo se transforma en posesión, y las posibilidades se convierten en certezas. En la economía de la realización personal, la acción es la moneda más valiosa.

La acción es el alma vibrante de la existencia, el aliento que da vida a la posibilidad y la energía vital que transforma el pensamiento en ser. Es la chispa que enciende el motor de la realidad, el pulso constante que lleva la promesa del mañana al tangible hoy. Sin la acción, el potencial es un espejismo en el horizonte de la existencia, siempre visible pero eternamente distante. La acción es el hilo dorado que teje la tela de la realidad; es la fuerza que propulsa la inercia de la vida hacia adelante y pinta en el lienzo del tiempo la historia única y vibrante de nuestra propia existencia.

La vida es una danza coreografiada por nuestras acciones; cada paso, cada movimiento, es una expresión de nuestra voluntad y propósito. No somos meros espectadores en el teatro de la existencia, sino los protagonistas cuyas acciones dictan el desarrollo de la trama, los giros y el desenlace. A través de nuestras acciones, esculpimos nuestra identidad, tallamos nuestro legado y dejamos nuestras huellas en la arena del tiempo.

La acción es, por ende, más que un concepto; es la manifestación dinámica de la vida misma. Es el impulso que nos lleva a cruzar fronteras, a alcanzar cimas y a explorar los vastos dominios del "qué podría ser". En cada decisión que tomamos y en cada acto que realizamos, no solo cambiamos la trayectoria de nuestras vidas, sino que también influimos en el tejido mismo de la realidad que nos rodea.

Vivir plenamente es actuar continuamente; es reconocer que cada momento es una oportunidad para moverse, para hacer, para ser. La acción es la expresión última de nuestra humanidad, el testimonio viviente de nuestra existencia y la declaración más poderosa de nuestra presencia en el mundo. En resumen, la acción no es simplemente un aspecto de la vida; es la esencia de todo lo que significa estar vivo.

Conclusión.

En el umbral del final de esta travesía de letras y reflexiones, nos encontramos en la cúspide del entendimiento sobre cómo entrelazar las fibras de salud, riqueza y amor con los catorce hilos conductores que hemos explorado.

Cada capítulo, cada elemento, ha sido una pieza de un

rompecabezas más grande, una composición que, una vez completa, revela la imagen de lo que significa ser una persona 3.14: **"Yo Soy lo que Yo Decida Ser"**.

Este mantra, inspirado en el versículo bíblico de Éxodo 3.14, resuena con el eco de una verdad profunda: somos los artífices de nuestra realidad. Nuestra existencia, multifacética y vibrante, es el producto de una serie de elecciones conscientes, de actos de voluntad, y de pasos deliberados tomados en la búsqueda de nuestra versión más auténtica.

Con el propósito como la piedra angular, y los sueños como el norte que guía nuestras brújulas internas, hemos entendido que la fe es el fundamento sobre el que se construyen realidades. La pasión es la llama que arde en el corazón de nuestras acciones, dándoles vida y color. La realidad nos ofrece el terreno fértil para sembrar nuestras estrategias, mientras que los obstáculos son los surcos en el camino que nos enseñan la resiliencia y nos fortalecen.

Hemos reconocido nuestras cualidades y valores como la esencia de lo que somos, y las oportunidades como el lienzo en blanco de lo que podríamos ser. La energía y la comunicación son los medios a través de los cuales interactuamos con el mundo, y las relaciones son los puentes que construimos entre nuestra isla interna y el continente de la humanidad.

La voluntad y el compromiso se han revelado como los motores incansables de nuestro viaje, manteniéndonos firmes incluso cuando las tormentas arrecian. Y la acción, la decisiva y audaz acción, es la que transforma todo potencial en realidad palpable, lo que convierte el "podría ser" en "es".

Como personas 3.14, vivimos en la intersección de lo divino y lo terrenal, lo eterno y lo efímero. Elegimos ser arquitectos de nuestro destino, modelando nuestra salud para disfrutar plenamente cada respiro, gestionando nuestra riqueza para que sea un vehículo de bienestar y no de servidumbre, y cultivando el amor para que sea la fuerza que mueva montañas en nosotros y a través de nosotros.

"Yo Soy lo que Decido Ser". Esta afirmación es el sello de nuestra voluntad, la declaración de nuestra autonomía, y el himno de nuestra libertad. Que cada lector de este libro no solo encuentre en sus páginas sabiduría, sino también un espejo en el cual pueda ver reflejada su más alta aspiración: ser un verdadero ser 3.14, un ser íntegro, completo, y maestro de su propio Ser.

En este acto final, el telón cae, pero no como el fin de una obra, sino como el comienzo de una nueva, donde cada lector es el protagonista, y la vida... la obra maestra por excelencia.

FIN

BONO

Tabla Periódica del Éxito

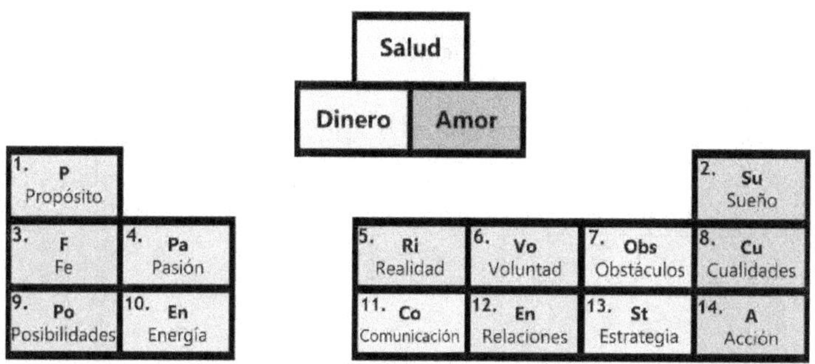

Vamos a imaginar esta tabla como una estructura donde cada elemento contribuye a la formación de "compuestos" que son las experiencias y aspectos de nuestra vida.

Ahora, describamos cómo estos elementos se "combinan" para formar compuestos en la vida real:

Compuesto de la Felicidad:

Propósito + Sueños + Pasión:

El propósito da sentido a nuestras acciones, los sueños nos ofrecen una visión de lo que deseamos, y la pasión infunde esa energía incansable para perseguir lo que amamos. Cuando estos tres elementos se combinan, se crea un estado de satisfacción interna y alegría genuina.

Relaciones + Comunicación + Voluntad:

Las relaciones significativas y la capacidad de comunicarse eficazmente son fundamentales para la felicidad. La voluntad aquí actúa como el compromiso de mantener y profundizar los lazos afectivos, incluso cuando se presentan dificultades.

Realidad + Energía + Acción:

Aceptar nuestra realidad actual y aplicar nuestra energía vital a través de acciones deliberadas conduce a la autorrealización y la contentura en el día a día.

Compuesto de la Salud:

Realidad + Estrategias + Voluntad:

Comprender la realidad de nuestra salud actual, establecer estrategias para mejorarla y tener la voluntad para seguir esas estrategias con disciplina. Esto podría significar adoptar hábitos saludables y hacer elecciones diarias que promuevan el bienestar físico y mental.

Cualidades y Valores + Energía + Acción:

Mantener la integridad personal y vivir de acuerdo con nuestros valores puede mejorar nuestra salud mental. Aplicar nuestra energía en acciones que reflejen nuestros valores más altos también puede reducir el estrés y aumentar nuestra sensación de armonía.

Oportunidades + Pasión + Compromiso:

Buscar y aprovechar oportunidades para involucrarse en

actividades que nos apasionan, como el ejercicio o la meditación, y comprometernos a practicarlas regularmente.

Compuesto de la Abundancia Material:

Estrategias + Oportunidades + Acción:

Establecer estrategias financieras claras, estar atento a las oportunidades de inversión o crecimiento profesional, y actuar decididamente para aprovechar esas oportunidades.

Sueños + Energía + Compromiso:

Tener una visión clara de lo que queremos lograr en términos de abundancia material, dedicar nuestra energía para lograr estos objetivos y comprometernos con un plan a largo plazo.

Cualidades y Valores + Comunicación + Relaciones:

Utilizar nuestras fortalezas y principios para guiar nuestras decisiones económicas, comunicarnos de manera efectiva en redes profesionales y personales, y construir relaciones que puedan llevar a sinergias y colaboraciones fructíferas.

Compuesto de la Realización Personal:

Propósito + Pasión + Acción = Realización de un Sueño

Este compuesto es la realización tangible de lo que antes eran aspiraciones.

Compuesto de la Resiliencia:

Realidad + Obstáculos + Voluntad = Superación

Como una aleación fuerte, este compuesto nos permite resistir y sobrepasar las adversidades.

Compuesto de la Influencia Positiva:

Relaciones + Comunicación + Fe = Impacto en la Comunidad

Este elemento crea una red de apoyo y cambio positivo alrededor nuestro.

Compuesto del Éxito Sostenible:

Estrategias + Compromiso + Energía = Logros a Largo Plazo

Con una base sólida y un impulso constante, podemos lograr éxitos que perduren en el tiempo.

Compuesto de la Evolución Continua:

Cualidades y Valores + Oportunidades + Acción = Crecimiento Personal

Este es el proceso mediante el cual nos mejoramos y adaptamos continuamente a nuevas posibilidades.

Estos compuestos no son fórmulas mágicas ni garantías de resultado, pero reflejan cómo una combinación equilibrada y consciente de determinados elementos de desarrollo personal puede allanar el camino hacia la felicidad, la salud y la abundancia. Es importante recordar que el balance entre estos elementos puede variar para cada persona y que la búsqueda de estos estados deseables es un proceso continuo de aprendizaje, adaptación y crecimiento.

La tabla no es una copia directa de la tabla periódica de elementos químicos en términos de grupos y períodos, pero sí es un esquema organizativo que demuestra que cada elemento de crecimiento personal tiene su lugar y su propósito, y puede formar 'compuestos' poderosos que enriquecen nuestra vida.

Al igual que con los elementos químicos, la interacción de estos elementos de vida puede ser compleja y sorprendente, y el resultado de sus 'reacciones' puede ser mayor que la suma de sus partes. Es una metáfora visual de cómo estos aspectos trabajan juntos para crear un todo funcional y armonioso en la búsqueda del desarrollo y la felicidad personal.

Para los amantes de Pi y las matemáticas, hay algo para ustedes también.

Entendiendo que la riqueza y abundancia son resultados de un proceso multifacético en la vida, podríamos crear una **ecuación simbólica** que incorpore los elementos discutidos anteriormente. La ecuación podría verse así:

R= (P+S+RlF×Pa)×(St+CO×E)×(En×A)

R=resultados

P = Propósito: La claridad de nuestro objetivo final en cuanto a riqueza y abundancia.

Para los amantes de Pi y las matemáticas, hay algo para ustedes también.

Entendiendo que la riqueza y abundancia son resultados de un proceso multifacético en la vida, podríamos crear una **ecuación simbólica** que incorpore los elementos discutidos anteriormente. La ecuación podría verse así:

R= (P+S+RlF×Pa)×(St+CO×E)×(En×A)

R=resultados

P = Propósito: La claridad de nuestro objetivo final en cuanto a riqueza y abundancia.

A = Acción: Los pasos concretos que tomamos para materializar nuestra visión de riqueza y abundancia.

Esta ecuación conceptualiza que los resultados en términos de riqueza y abundancia (R) son una función de la suma de nuestro propósito, sueños y una combinación de fe y pasión ajustada por la realidad actual. Esto se multiplica por nuestras estrategias y la manera en que aprovechamos las oportunidades, potenciado por nuestra energía y habilidades comunicativas. Todo esto, en el contexto de nuestro entorno, se activa y se hace realidad a través de nuestras acciones.

Es crucial entender que esta "ecuación" es <u>metafórica</u> y sirve para ilustrar cómo varios aspectos de nuestro desarrollo personal y profesional se entrelazan para crear los resultados que vivimos en términos de abundancia material. En la práctica real, la vida no sigue fórmulas matemáticas exactas, pero modelos como este pueden ayudar a conceptualizar y enfocar nuestros esfuerzos.

Para ponerse en contacto con el autor:

https://www.juanadalidrivera.com
Jwcoachinternational@gmail.com

 Juan Adalid Rivera

 Grupos en Facebook: Yo soy 3.14

 @Juan Adalid

 @Juan Adalid Rivera Diaz

 @Juan Adalid 3.14

 @ Juan Adalid Rivera

Otros libros del autor:

JUAN ADALID RIVERA
C. E. O.
Con sabiduría
El justo cae y se levanta